「やり抜く子」と「投げ出す子」の習慣

非認知能力を育て、「投げ出す子」を「やり抜く子」へ変える50の行動習慣

岡崎大輔
Okazaki Daisuke

はじめに　―非認知能力が低いと、子どもは社会で活躍できない―

「失敗が怖くて行動できない」
「すぐにあきらめてしまう」
「やりたいことが特にない」
「輪の中に自分から入れない」
「何をやっても続かない」

お子さんを見ていて
このようなことはありませんか？

「自分がやりたいことを、あきらめてほしくない」
この一点を願い、この本を書きました。

小学生の僕は、すぐにあきらめてしまう**「投げ出す子」**でした。

好きな子がいても、「話しかけても迷惑なだけだ」と思い、声をかけることすらできませんでした。バスケットボール部に入りたいと思っても、「足が速くて背が高い人が多いから、どうせ試合に出られない」と思い、入れませんでした。

勉強以外には自信がなく、いつも周りの顔色をうかがって言いたいことが言えず、やりたいことができず、学校が楽しくありませんでした。

私立中学に合格し、そこから人生が変わると信じていましたが、同じことの繰り返しでした。念願のバスケットボール部に入ったものの、どれだけ練習しても試合には出してもらえませんでした。あたりまえです。失敗するのがイヤで、絶対に上手くいくとわかっていることしか練習せず、先輩のアドバイスを聞こうともしない。何のために練習するのかなんて考えたこともなく、周りや環境のせいにして、いつも「言いわけ」ばかりしていました。

そして、高校2年生の夏、大好きなバスケットボールをやめました。

「バスケットボールは向いてない。おもしろくないからやめる」、そのように言い聞かせて、僕は本当にやりたいことから逃げたのです。

それからは、何をやっても続きませんでした。本気になれず、すぐにあきらめてしまう。思うような結果が出ない。そんな自分が大嫌いでした。

自分をあきらめたくない！　これがラストチャンス！

そして、大学に入学。これが本当に社会に出るまでのラストチャンス。

「ダメな自分から卒業したい」「頑張ればできるということを周りの人に証明したい」そのような覚悟を持って、ラクロス部に入部しました。ラクロスは、ほとんどの人が大学から始めるスポーツなので、スタートラインは同じです。

「今度こそ絶対に逃げないで本気でやる！」

生まれて初めて自分の人生を自分で決めた瞬間でした。

どんな選手になりたいかを思い浮かべ、苦手なことにも挑戦し、日記を書いて改善点を分析しました。先輩やコーチにアドバイスを求め、自分のことだけではなく、チームの目標を達成するためにできることを考え、全力でチームに貢献しました。その結果、チームとして全国3位になり、個人としてもベスト10プレイヤーに選ばれたのです。

スポーツで得た力が、社会で活かせた

そして、希望していた外資系製薬会社に就職。

社会人になってからも、大学時代に得た「自分を信じる力」「約束を守る力」「結果が出るまでやり続ける力」を、仕事で活かすことができ、トップセールスマン賞を受賞し、欧州研修メンバーにも選抜されました。

また、仕事だけでなく人生のあらゆる場面で、望んでいることが実現しました。

□英語力ゼロから5年間勉強しアメリカの大学院に合格
□(会社員時代) 5年間で1500万円を貯金
□フイフスキルの学校を設立(会員約1000名)
□アメリカの教育団体からコーチ優秀賞を受賞(2013 COACH OF THE SUMMER)
□7年間取り組んできた地域での教育活動が評価され、40歳以下の全国で最も活躍する

20名の1人に選ばれる（JCI JAPAN TOYP 2019 通称：青年版国民栄誉賞）

このように僕は、大学時代のスポーツ経験によって生まれ変わりました。**何をやっても「投げ出す子」から、最後まで「やり抜く子」になれた**のです。

なぜここまで変われたのか。それは、**自分で決めたから**です。

それまでは、親に言われるがまま中学受験をし、部活では監督に与えられた練習をなんとなくこなしていただけで、自分の頭で考えて自分で決めたことはありませんでした。敷かれたレールに乗っかっているだけ。だから上手くいかなかったらいつも言いわけばかりで、周りのせいにしていたのです。

しかし、ラクロスを始めてからは「レギュラーになり活躍するために本気でやる！」と自分で決めました。毎日どんな練習をするか考えて、自分との約束を守り続けました。そうすると、自分のことを少しずつ信じることができるようになり、やったことがないことにも挑戦できるようになりました。言いわけにも負けず、他人のせいにもせず、最後まで夢中になって取り組めたのです。

この大学の時にスポーツで得た力が、本書であなたに伝えたい**「非認知能力」**なのです。

非認知能力とは？

非認知能力（ライフスキル）とは、**学校のテストでは測れない、目には見えない能力**です。

僕が主宰する学校では、留学中に働いていた世界最大級のライフスキル教育機関であるファーストティーの哲学を取り入れて、この非認知能力を４つに分類しています。

①**自分とつながる力**：自分の感情や思考、強み弱みを理解し、自分を大事に思える能力

↓自己認識、自己肯定感、自己効力感（自分にはできると思える感覚）

②**人とつながる力**：周りの人と良い関係性を築く能力

↓コミュニケーション力、共感力、チームワーク

③**夢を実現する力**：自分が決めた目標を達成する能力

↓計画性、創造性、行動力

④**問題を解決する力**：問題やトラブルを適切に対処する能力

↓自制心、考える力、感情コントロール／レジリエンス

一方、認知能力とは、ＩＱや学力などの目に見える能力です。「計算が速い」「漢字が書ける」「足が速い」といった、学校のテストなどで測れるスキルが認知能力です。

これまでの日本の教育は、学習テストのような認知能力の向上に偏っていました。

しかし、２０２０年の教育改革において、非認知能力を伸ばす教育に大きくシフトすることに決まりました。

学校では、先生が言うことをただ書き写すだけの一方向の授業から、**自分で考えて、みんなで対話する双方向の授業（アクティブラーニング）**に変わります。

今後、学校でも社会でも、非認知能力の重要性はますます高まっていくでしょう。

非認知能力が、将来の学歴、年収、幸福度を決定する

なぜ今、非認知能力がこれほどまでに注目されているのか。

それは、ノーベル経済学賞を受賞したシカゴ大学のジェームズ・ヘックマン教授の幼児教育の研究がきっかけです。

研究結果によれば、幼少期に非認知能力を高める教育をすることで、教育を受けていな

い子と比べて「進学率」「平均所得」「犯罪等の問題行動」などに大きな差が生まれました。

また、その他の研究で、「ＩＱを高める早期詰め込み教育は、長期的な学力向上にはつながらない」「非認知能力を高めることで、学力等の認知能力も向上する（その逆は相関性なし）」**「非認知能力はどの年齢からでも伸ばすことができる」「非認知能力（＝やり抜く力）が高い人ほど人生の満足度が高く、精神的にも健康な生活を送っている」**ことなどが明らかにされました。

もちろん、学力や専門的な知識などの認知能力も、社会で生きていくためには重要です。ただ、どれだけいい学校に入学しても、どれだけ早い時期に資格を取得しても、**非認知能力が低ければ、勉強で身につけた専門知識やスキルを社会で発揮することができない**のです。

非認知能力を高めるための親の関わり方を紹介

本書では、お子さんの非認知能力を高めるための親の関わり方を紹介しています。

これまで１万人以上の子どもと関わってきましたが、非認知能力を高めることで、多くの子どもたちが「投げ出す子」から「やり抜く子」へと変わっていきました。

「自分に自信がない」「失敗が怖い」「あきらめてしまう」子どもでも、本書で紹介する親の関わり方を実践していただければ、「自分に自信が持てる」「新しいことに挑戦できる」「最後まであきらめない」子どもに成長していくことを、あなたにお約束します。

「投げ出す子」から**「やり抜く子」**へ
「自分には無理」から**「自分だからできる」**へ
「大人になりたくない」から**「大人になるのが楽しみ」**へ

本書を通じて、あなたが自分らしい子どもとの関わり方を見つけて毎日が楽しくなり、そしてあなたと子どもの人生がさらに輝けば、これ以上にうれしいことはありません。

ライフコーチ　岡崎 大輔（ミスターおかっち）

参考資料 ― 非認知能力チェックテスト ―

「投げ出す子」の行動習慣に関する質問が10個あります。
あなたのお子さんに当てはまるものはいくつありますか?

「投げ出す子」の行動習慣

□失敗を恐れる
□いつも他人と比べる
□輪の中になかなか入れない
□言いわけばかりする
□特にやりたいことがない
□新しいことに挑戦しない
□「自分なんて無理」が口癖
□授業中、手を挙げて発表できない
□宿題をイヤイヤやる
□何をやっても続かない

上記の項目が一つでも当てはまるお子さんは、非認知能力が低いことが考えられます。

「やり抜く子」の行動習慣

□失敗を恐れない
□他人からの評価を気にしすぎない
□自分で仲間を集めて遊びを考える
□自分で考えて自分で決められる
□自分の将来が楽しみ
□新しいことに自ら進んで挑戦する
□「自分ならできる」が口癖
□自分の意見を堂々と話せる
□言われなくても宿題を楽しんでやる
□決めたことを最後までやり抜ける

でも、安心してください。「はじめに」でもお伝えしたように、非認知能力は親の関わり方次第で、どの年齢からでも高めることができます。

○ もくじ　「やり抜く子」と「投げ出す子」の習慣

第2章 ▼▼▼ 生活習慣編

第3章 学習習慣編

第4章 目標達成編

第5章 対人関係編

第6章 トラブルへの対処編

◎カバーデザイン　OAK（廣野 香代子）

第1章

自己肯定感 編

01 やり抜く子はいつもゴキゲン、投げ出す子はいつもフキゲン。

一番最初に、言わせてください。

「自分をゴキゲンにすること以上に、大事なことはない」

これが、僕のど真ん中にある人生哲学です。

「もっと大事なことがある」「自己中で傲慢だ!」「自分のことばかり考えていては、周りの人に嫌われて社会で生きていけない」

そういった意見もあると思います。それでも、やっぱり僕は、自分の気分を良くすることと以上に大事なことはないと思うのです。

「投げ出す子」は、いつもゴキゲンななめ。なんかつまらなそうで、文句ばかり言って、自分から動かない。

このような状態では、全部他人事で、やる気が起きず、何事も楽しめません。

「やり抜く子」は、いつもゴキゲン。目がキラキラしていて、転んでも立ち上がり、楽しいことを自分で見つけて、周りの声も聞こえないくらい「いま、ここ」を楽しみます。とにかく夢中で、失敗を恐れず、一歩前に踏み出せる。**「もっと知りたい」「もっとやりたい」という好奇心に突き動かされて、自分から積極的に取り組みます**。だから、ストレスなく自分がやると決めたことを継続できるのです。

それでは、どうしたらゴキゲンになれるのでしょうか。

簡単です。いま、この瞬間に望んでいることを最大限叶えて、自分の気分を良くすること。水を飲みたいなら飲む。本を読むのに疲れたなら休む。足の裏がかゆいならかく。

小さなことでも良いので、できるだけたくさん行動に移していく。そうすれば、「自分は自分の望みを叶えてもいいんだ」「幸せになっていいんだ」「望みを叶える力を持っているんだ」という感覚が育ち、自分を肯定する土台ができていきます。

親として子どもにできることは、**子どもの気持ちを尊重してあげること**。

たとえば、子どもが「もうこの習い事やりたくない」と言った時には、「そんなこと言わずにもうちょっとやってみよう」と促す前に、まずは子どもがいま感じている気持ちを理解してあげるのです。

子「もうこの習い事やりたくない」
親「もうやりたくないの？　つまんなくなったのかな？」
子「そうなの。たくさん練習したから、もう飽きたよ」
親「何回も練習して飽きちゃったから、やりたくないんだね」
子「そうなんだ。もうやめる」

このように**子どもの気持ちを映し出す鏡**となって、子どもの気持ちを言語化してあげることがポイントです。気持ちに共感した上で、続けるかやめるかは次のように子どもを尊重しながら、一緒に考えてあげるのが良いでしょう。
親「やめたいって気持ちを正直に教えてくれてありがとう。もちろん、いますぐやめることもできるけど、もう少し続けてみたら面白さが見つかるかもしれないから、あともうちょっと頑張ってみない？　ここで見てるから、どうかな？」
子どもの気持ちを尊重することも大事ですが、**親が自分の気持ちを尊重すること**も大事。

感情を抑え込んで我慢ばかりしていると、親がフキゲンになり、余裕を持って子どもと関わることが難しくなります。

質問家マツダミヒロさんが提唱しているシャンパンタワーの法則はご存じでしょうか？

シャンパンタワーは、シャンパングラスをピラミッド状に積み上げ、一番上のグラスからシャンパンを注いでいく結婚披露宴等で行われる演出です。一番上が自分、２段目が家族、３段目が友だちや知り合いのグラスだとします。あなたなら、どこの段からシャンパンを注ぎますか？

このシャンパンタワーは、まず一番上の自分のグラスが満たされないと、完成しません。一番上のあなたが満たされることで、あなたは自分を犠牲にすることなく、周りの大切な人を幸せにすることができます。あなたが笑えば、子どももゴキゲンになります。

まずは、**あなたをゴキゲンにしましょう**。それ以上に大切なことはありません。

01 やり抜く子の親は、まず自分をゴキゲンにする！

02 やり抜く子は「なんとなくできそう」、投げ出す子は「なんとなく無理そう」。

「どうせ無理」「どうせ負ける」「どうせ失敗する」

「投げ出す子」は、何をするにしても、「どうせ……」というブレーキを持っています。失敗するイメージが頭と心を埋めつくし、結局、やらない。いや、やれないのです。その繰り返しで、なかなか挑戦できません。子どもの頃の僕がそうでした。

大好きだったスポーツで、どれだけ努力してもレギュラーになれない。そのおかげで、頑張れば上手くいくという自信が持てなくなったのです。頑張ってもできないとわかっていたら、前に踏み出せません。これは、心理学では**エレファントシンドローム**と呼ばれています。いったん「できない！」と思い込んでしまうと、挑戦しなくなるのです。

思い込みの力は、事実よりも強力です。

能力があるとかないとか、頭の良さは関係ありません。根拠はなくてもいい。**どのよう**

に思い込むかが、その人の自信をつくり、一歩踏み出す力になるのです。

「やり抜く子」は、**「根拠のない自信」を持っています**。なんとなくできそうな気がして、新しいことでもどんどんトライします。失敗することへの不安もなく、とにかくやってみよう精神です。親としてはハラハラすることもありますが、負けてもすぐに立ち上がり、失敗してもかすり傷。そんな強いメンタルを持っています。

根拠のない自信は、社会を生き抜く上でとても大切です。

未来は、これまでやったことがないことばかりです。過去に成功したことにしか自信が持てない状態では、できることが限られてきます。先が読めない時代で、どんどん新しい変化に対応して、自分の力を発揮して生きていくには、やったことがないことや成功したことがないことでも、一歩前に踏み出せる「なんとなくできそう！」という思いが重要です。

子どもの根拠のない自信を育む３つの方法を紹介します。

①子どもの要求を無条件に受け入れる

「悲しい時に話をちゃんと聞いてもらえた」「困っている時に助けてもらえた」「お腹が

空いた時にご飯を食べさせてもらえた」など、自分が望んだことを受け入れてもらえたという実体験が大切です。「守ってもらえている」「願えば叶うんだ」という経験の積み重ねが、子どもの心を支える土台になります。**「何が起きたとしても大丈夫！」**という感覚です。

②子どもの能力を無条件に信じる

子どもの一番近くにいる親が、我が子を信じることが重要です。しかも、無条件に。これまでやったことがないことでも、成功したことがないことでも、子どもがやりたいという気持ちがあるなら、口を出さずにそれを見守る。たとえ、それが失敗するとわかっていても。これまでの過去と切り離して、「この子は頑張れる。やればできる子。たとえ今上手くいかなくても、いつか絶対に上手くいく」と、子どもを信じる。

これが難しいですよね。僕もそうでした。これまで小さい頃から子どもを見てきた親なら、簡単に未来が予測できてしまいます。

未来が見えてしまうから、子どもを悲しませないように、自分もガッカリしないように、「どうせ上手くいかないよ。この前も続かなかったでしょ」と、やる前から言ってしまいそうになることもあるのではないでしょうか。

でも、それが一番、子どもの自信を奪っていきます。**信頼している親や先生から信じてもらえないと、自分のことを信じられなくなります。**

子どもの周りにいる大人がその子をどのように見ているか、どれくらい信じているか。

それが、子どもの自信を育てていくのです。

③根拠を集める

根拠のない自信は大切ですが、**小さな成功体験を積んで、根拠をつくっていくこと**も大切です。新しい能力を身につけた時や、少しでも上手くいった時に、すぐに声かけをすることがオススメです。「新しい漢字を3つ覚えたね。いつも宿題を頑張っているからだね」「この前の試合よりも3本も多くシュートが入ったね。先週、全力で練習してたからじゃない」と、努力が結果につながったということを言葉で伝えてあげます。

そうすることで、「なんとなくできそう」という自信が、育まれていくのです。

02 やり抜く子の親は、「やればできる」と心の底から信じきる！

03
やり抜く子は欠点を愛し、投げ出す子は欠点を隠す。

「失敗したことを隠す」

「負けたくないからズルをする」

「テストの点数でウソをつく」


このようなことはありませんか？

「投げ出す子」は、自分が苦手なことやミスを隠そうとします。自分の欠点を知られたり、見られたりしたくないのです。だからウソをついたり、ごまかしたりして、過ちを認めようとしません。逆に、上手にできた時は、「見て見て〜」とアピール。

怒られたくないし、嫌われたくない。そして、褒められたいし、認められたい。自分のいいところだけを、見てもらいたいのです。

認められたい、評価されたいというのは、誰もが持つ自然な欲求です。しかし、これが強すぎると、問題を見て見ぬフリしたり、ミスを人のせいにしたり、褒められるためにルールを破ってしまうことがあります。また、**自分の弱みを受け入れることができないと、いつまでたっても自分を認めることができません**。そうなれば、自分が嫌いになり、友だちとの間でもトラブルを起こしてしまいます。自分で自分を認められないと、心から相手を認めることはできないのです。自分が認められることに必死で、そんな余裕がありません。

「やり抜く子」は、**そのままの自分を愛しています**。失敗してもごまかしたりせず、よく見せようとせず、そのままの自分を表現します。完璧にできなくても気にしません。思うようにいかなくても、そこから学び、次の一歩を踏み出すのです。

どうやって、そのように、自分で自分の欠点を愛せるようになるのでしょうか。

それは、**自分の欠点を愛してくれる存在がいるから**です。

放課後スクールを始めたばかりの頃の僕は、知らず知らずのうちに、子どもに点数をつけていたように思います。

僕が求めることをちゃんとできた子が良い子で、期待通りに行動しない子は悪い子。

指導者として、「きれいな発音で英語を身につけさせないといけない」「正しいフォームを教えないといけない」「親御さんの期待に応えなければいけない」と考え、とにかく、目に見える結果しか見えていませんでした。

そんな中で、子どもたちも絶対に成功する簡単なことにしか挑戦しなくなりました。授業でも手を挙げなくなり、自分の意見を言わなくなりました。自分で考えることを捨てて、みんな僕の頭の中にある正解を探していたのです。褒められるために。認められるために。

僕は決めました。**「良いとか悪いとかを評価する前に、ありのままの子どもを受け入れよう」**と。人間には良いところもあるし悪いところもある。得意なこともあるし、苦手なこともある。でも、弱みだと思っていることが強みになることもあるのです。だからこそ、まずはその子の全てを受け入れよう、そう思えるようになりました。

それは、まさに僕の母がずっと僕にしてくれていたことでした。

小学校でいじめられて、友だちがいなくなり、生きていることが本当につらくなった時に、最後の最後で耐えることができたのは、母がいたからです。

「本当によく頑張ってるね」「大ちゃんがいてくれて本当にうれしいよ」「絶対に大物に

なると思うから、しっかり勉強するのよ」

母が僕の味方でいてくれたから、なんとか学校に行くことができ、「もうちょっと生きてみよう」と、希望を持つことができたのです。

僕の母のような存在を、心理学では「**安全基地**」と呼んでいます。どんな時でも否定せず、守ってくれる存在。そんな安心できる場所があるから、欠点とちゃんと向き合えたり、殻を破って新しいことに一歩踏み出せるのです。

どれだけ親が頑張っても、無理やり花を咲かせることはできません。親ができることは、安心安全な土壌を作ること。

欠点は、欠けている点ではなく、その子にしかない個性です。心配するのではなく信頼しましょう。そして、待つ。そうすれば、いつか、子どものタイミングで花は咲きますから。

03 やり抜く子の親は、どんな時でも子どもの味方になる！

04 やり抜く子は将来が楽しみ、投げ出す子は大人になんかなりたくない。

「ずっと子どもがいい」

ある日の授業で子どもたちに「大人になりたい？」と聞くと、目の前の20人の誰からも手が挙がりませんでした。驚きましたが、僕が子どもの頃も同じように思っていたような気がします。将来に対して夢も希望もない。どんな大人になるかを考えたこともない。あなたの子どもの頃は、どうでしたか？

「投げ出す子」は、大人になりたくないと思っています。大人になってやりたいことがあるわけでもなく、なんとなく漠然とした不安を抱えている。そもそも将来のことをそこまで深く考えたこともありません。毎日、与えられたことをこなしているだけです。

「えっ？　なんで？　みんな大人になりたくないの？」と子どもたちに聞くと、たくさんの意見を出してくれました。まとめると、「働くのがしんどそう」と「自信がない」が大きな理由でした。その時、僕はどうしてもこの状況を変えたいと思いました。

大人になることに希望を持ってほしい。働くことに夢を持ってほしい。それが、いまを生きる原動力になるから。進めば進むほど苦しくなっていく未来なら、誰だって進みたくありません。いま勉強した先に、楽しい未来がある。努力した先に、なりたい自分がいる。やりたい仕事がある。だから頑張れるのです。たとえやりたくないことでも、やりたいことに変えられる。途中であきらめることなく、最後までやり抜ける。

だから、僕は子どもが「大人になるのが楽しみ」と言える環境をつくりたいと本気で考えています。そのためにどうしたらいいか、３つ提案させてください。

①プロと触れ合う時間をつくる

「世界で最高の教育とは、その道を極めた大人の働く姿を見せること」

マイケル・ジャクソンの言葉です。僕が子どもの頃は、大人と接する機会はほとんどありませんでした。大人といえば「満員電車に揺られて会社へ行き、家族のために自分がやりたいことを我慢して仕事をしている人」。テレビドラマのイメージです。

しかし、大人になって気づきました。プロと呼ばれる人は、めちゃくちゃ楽しそうに働いている。やりたいことを叶えるために、仲間と協力して、ああでもないこうでもないと試行錯誤して、最高のサービスを提供し、たくさんの人から愛されて、感謝されて、喜びにあふれた毎日を過ごしている。同じまちに、仕事や生き方に誇りを持っている大人が、たくさんいることを知ったのです。

そんな、**子どものように目を輝かせて生きている大人と触れ合う機会をつくること**。手軽にできることで言えば、まちのイベントに参加したり、商店街で買い物をすることがオススメです。**夢を持って毎日全力で行動している大人と交流することが、子どもが自分の未来を見つけるきっかけになります**。

②自分で決める機会を増やす

なんとなく将来に不安を感じている子には、**自分で決める機会を増やすこと**が大切です。なんでもかんでも親が決めたり、すぐに手助けするのではなく、子どもが決める機会を増やしていく。子どもが「どうしたらいい？」と聞いてきても、意見を言う前に、「どう思うの？」と聞き返す。子どもの意見を聞いて、何か付け加えることがあれば情報として伝えてもＯＫです。ただ、決めるのはあなたよ、というスタンス。自分の気持ちが大切にされていることが伝われば、自己肯定感も高まりますし、「助けを借りずにできた！」という達成感が、先の見えない未来へ踏み出す力になります。まずは「今日はどんな服を着る？」など、小さなことから決めさせてみましょう。

③親が毎日を楽しむ

子どもにとって一番身近にいる大人は、親です。親が楽しそうに働き、楽しそうに家事や子育てをして、楽しそうに生きていたら、「大人ってなんかいいなぁ」と思えるようになります。子どもに成長してほしいと願うのであれば、**あなたの人生をどうやって楽しくするかを考えましょう**。小さなことでも良いので、やりたいことを見つけてやってみましょう。あなたの言葉以上に、あなたの毎日の生活が、子どもの心にメッセージとして届きます。やりたいことを我慢しなくてもいいのです。自分の人生を生きていいのです。

04 やり抜く子の親は、楽しそうに生きる大人の姿を見せる！

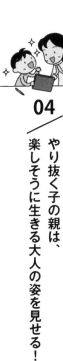

05 やり抜く子は自分で決め、投げ出す子は親が決める。

「所得よりも学歴よりも、『自己決定』が幸福度を上げる」

2018年、神戸大学の2万人を対象にしたアンケート調査によって、このような結果が報告されました。親の期待している通り、いい大学に入っていい会社に就職しても、子どもが自分で決めたことでなければ、幸せになれないかもしれません。

自己決定力を高めることで、自分がやると決めたことに責任を持ち、最後までやり抜けるようになります。親が指示しなくても、見ていなくても、自分で考えて行動できるようになるのです。思うような結果が出なくても、自分で決めたことならあきらめません。どうやったら上手くいくかを考えて、トライアンドエラーを繰り返します。

たとえ親が期待している通りに進まなかったとしても、子どもが納得して決めたことなら、子どもは幸せに生きていけるのです。

今回は「自己決定力」を高める方法を３つ紹介します。

①邪魔しない、口出ししない、答えを教えない

これが基本の３原則です。子どもが興味を持ってやろうとしていることを、邪魔しない。たとえ、失敗するだろうと思っても、黙って見守る。「こうやった方が上手くいく」とわかっていても、我慢です。**自分で考えて失敗した経験から、子どもは学んでいきます**。

②選んだ理由を聞く

昔の僕のような「投げ出す子」は、周りの人に流されたり、正しいという空気や思い込みでなんとなく選んでしまうことがあります。ですので、日頃から、子どもが選んだことに、「どうしてそう思うの？」「なんでそっちがいいと思ったの？」と問いかけましょう。**子どもの意見を否定しないこと**がポイントです。自分で考えたことを受け入れてもらえないと、もう自分で考えなくなってしまいます。答えを待つようになるのです。ですから、的外れな意見だと思っても、まずはその意見を受け入れましょう。

しっかり子どもに考えさせた上で、「でも、〇〇をやったら、〇〇になると思うけど、どうだろう?」と質問するのであれば大丈夫です。そうすることで、また子どもの中で「考える」が始まり、より深い答えが出てくるでしょう。もちろん最後は、子どもに決めてもらいましょう。

理由を聞いても「よくわからない」と言ったり、考え込んで困った顔をしていたら、「そうやって考えることが大切だから、無理して答えを出さなくてもいいからね」と、答えが出ないことで自信をなくさないように、やさしく声をかけてあげましょう。

③選択肢を与える

子ども自身が「中学受験に合格することが幸せになるためのたった一つの方法」と思っていたら、自分で選んだことにはなりません。**選択肢がたくさんある中から、自分で選び取る経験が、自己決定力を育みます。**まさに親の役割は、**決めることではなく、選択肢を与えること**。中学受験の例で言えば、中学受験をした場合のメリットとデメリットを子どもに説明して、その上で、子どもに選んでもらうのがいいでしょう。

〈例〉中学受験を選択する

メリット：合格すれば高校受験をしなくてもいい
　　　　　合格すれば学力が高い子と一緒に学べる
　　　　　自分に合った学校を選べる　など

デメリット：友だちと遊ぶ時間がなくなる
　　　　　　他の習い事もやめないといけないかもしれない
　　　　　　合格できるかどうかはわからない　など

できる限り、「こっちを選んでほしい」という親の期待を入れずに（その期待は子どもに伝わります）、事実ベースで子どもに説明するのがポイントです。

どちらを選んだとしても、子どもが決めたことを尊重してあげてください。

05 やり抜く子の親は、選択肢を与えて子どもに決めさせる！

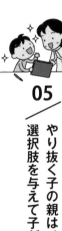

06
やり抜く子は自分と比べ、投げ出す子は他人と比べる。

「○○ちゃんは、手を挙げて発表してるのに、うちの子は……」

「○○くんは、有名私立中学に合格したんだって」

「○○くんは、この前ダンスバトルで優勝したみたいよ」


つい他の子と比べてしまうことはありませんか?

子どもにプレッシャーを与えてはいけないと思いつつも比べてしまう。

我が子にもいいところがたくさんあるのに、悪いところばかりに目が行く。

「自分の育て方が悪いのでは」と不安になって心配になって、なんとかしなければと焦ってしまう。「これはこの前も教えたでしょ！　何回言ったらわかるの！」と、感情的になり、子どもの寝顔を見て自己嫌悪。

親が他の人と比べていると、子どもにもそれが伝染してしまいます。

「投げ出す子」は、人と比べて自分を評価します。「一番になれたから、自分はスゴイ」「○○くんよりも点数が高かったから、自分はエライ」

もちろん誰かに勝てたらうれしいものですし、優越感が気持ちいいこともわかります。ただ、相手に勝てるかどうかは、自分にはコントロールできないこと。どれだけ漢字をたくさん覚えても、どれだけ走り込みをしても、友だちよりも漢字テストの点数が悪い時もあるし、競争で負けることもある。

努力しても結果が出ない状態が続けば、「頑張ってもどうせ無理」とあきらめてしまうようになります。心理学では、**学習性無力感**と呼ばれていますが、この状態になると、新しいことに挑戦しようとしなくなり、努力できなくなるのです。

やり抜く力を育むためには、**「人と比べる」クセを手放して、「自分と比べる」習慣を身につけること**が大切です。

具体的に、どのように子どもと関わったら良いのでしょうか。３つの方法を紹介します。

①親が人と比べない

他の子と比べてしまうのは、**「子どものパフォーマンス＝親の価値」**になっているからではないでしょうか。周りから見てどれだけ優秀な子を育てたかが、親の成績表。そうなると親もつらいし、子どもも苦しい。皮肉なことに、子育てを頑張って、**子どもをコントロールしようとすればするほど、子どものやる気も自信も失われていきます**。

親の価値と子どものパフォーマンスは、まったく別物です。子どもがどんな成績でも、どんな行動をしても、親であるあなたの価値とはまったく関係がありません。そこはしっかり切り離してください。そして、子育てに使っているエネルギーと時間を、少しだけ自分の好きなことに使いましょう。自分をゴキゲンにすることに目を向けるのです。**子育てと少し距離を取ることで、感情的にならずに子どもと接することができる**ようになります。

②いいところを見つける

毎日3つ、子どものいいところを見つけて伝えてあげましょう。ポイントは、「過去のその子と比べること」と「準備やプロセスを褒めること」です。誰かに勝った負けたの結果だけではなく、子どもがコントロールできることに注目しましょう。

「試合には負けたけど、前回よりもたくさん点が取れたね」
「ボタンをつけられるようになったんだね」
「この前よりも、10分も早く起きられるようになったね」
「今日もたくさん汗かいて、頑張ってるね」

③プロセス目標を立てる

目標を立てる時には、「試合に勝つ」「１００点を取る」「合格する」など、結果の目標だけではなく、**自分でコントロールできるプロセスの目標もつくること**が大切です。「１日に漢字を10個覚える」「夜ご飯を食べる前に宿題を終わらせる」「練習の後に、10本シュートを入れる」など。子どもが目標を立てた時に、「それを達成するために、どんなことができそう?」と問いかけて、プロセス目標を見つけるサポートをしてあげましょう。

もちろん、それができた時には、愛情たっぷりの花丸をつけてあげてください。

06
やり抜く子の親は、子どものいいところを毎日3つ伝える!

07
やり抜く子は心の声がアクセルになり、投げ出す子は心の声がブレーキになる。

「どうせ最後は失敗する」

「投げ出す子」は、**ネガティブなつぶやきで頭が支配されています**。「おもしろくない」「もうつかれた」「やりたくない」「めんどくさい」「難しいからムリ」などと、実際に口に出すこともあれば、心の中でつぶやくことも。

「投げ出す子」が、最後まで続かないのには、このつぶやきが大きく影響しています。「ほら言ったじゃん！　何回やってもムダだって」「やめておいた方がいいよ。センスがないから」このような自分へのつぶやきがブレーキとなり、新しいことに挑戦できなかったり、途中であきらめてしまったりするのです。

人は1日に5万回以上、自分に対して心の中で言葉をかけているそうです。そして、その8割がネガティブなものだと言われています。

「どうせ無理だ」「いつもぼくは失敗する」「みんなに嫌われている」このような否定的な言葉を1日何万回も自分に投げかけていると、「自分はダメな人間だ」と信じてしまってもおかしくありません。脳がそう信じてしまえば、「できない理由」が目の前にたくさん降ってきて壁になり、前に踏み出せません。

この心のつぶやきは、心理学では**セルフトーク**と呼ばれています。

今回は、子どもの言葉をポジティブに変えるための、セルフトークのマネジメント方法を紹介しましょう。

ステップ1　ネガティブを受け入れよう

まずは子どもの気持ちを聞きましょう。目を見てうなずき、あいづちをうちながら、「悲しいのね」「失敗したくないのね」「ガッカリしているのね」と、子どもの気持ちを言葉にしていきます。すると、子どもの中のモヤモヤが整理されて、気持ちも落ち着いてくるでしょう。

とにかくネガティブを否定せず、まずは受け止める姿勢を示すことです。

ステップ２　本当に望んでいることを見つけよう

子どもの気持ちが落ち着いてきたら、「本当はどんなことを望んでいるの？」「どうなったらいいと思っている？」と問いかけ、子どもが望む理想の状態を引き出していきます。

〈例〉試合に勝ちたい　など

お風呂の中や車での送迎中など、お互いがゆったりとした気持ちで本音を話せる環境を選ぶことがポイントです。

ステップ３　ポジティブセルフトークをつくろう

子どもが本当に望んでいる状態を想像させましょう。理想の状態が叶った時の、「気持ち」「行動」「言葉」をインタビューするようなイメージです。

ステップ２の例で言えば、「試合に勝てた後のことを想像したらどんな気持ち？　どんなことをしてる？　どんなことを言っていそう？」と問いかけて、実現した状態を映像で見えるくらいありありとイメージさせます。

そうすると、心の器がポジティブな気持ちで満たされ、前に進む力が湧いてきます。

そして、最後に子どもに問いかけるのです。

「そのために一番大切なことはなんだろう？」と。

〈例〉試合に勝つためには、努力が大事

これだけでも言葉にできれば十分ですが、それを関係のあることわざや格言に置き換えてあげると、よりイメージができるので効果的です。

〈例〉努力は必ず報われる、失敗は成功の母、チリも積もれば山となる

完成したセルフトークを紙に書いてもらい、忘れないように机の上や見えるところに貼りましょう。何かツライことがあったら、この言葉を頭の中で（口に出してもＯＫ）10回、おまじないのように唱えることをすすめてあげてください。**「この言葉は魔法の呪文だよ。挫けそうになった時にこの言葉を思い出してね」**と。その言葉が力になると思う状況で、タイミングよくその言葉をかけてあげるとさらにいいですね。

07 やり抜く子の親は、子どものモヤモヤを言語化する！

08

やり抜く子は目の前のおやつを我慢し、投げ出す子は目の前のおやつを食べる。

「うちの子は、ずっと欲しいおもちゃがあるのに、お小遣いをもらったらすぐにお菓子を買ってしまって、お金がたまらないんです」

そんな話を、親御さんから聞きました。

その時は笑い話だったのですが、自分の欲求や衝動をコントロールする**「我慢できる力（自制心）」**は、決めたことをやり抜く力に大きく影響します。

ただ、誤解してはいけないのは、**「やり抜く子＝我慢強い子」ではない**、ということです。

僕の教室にいる「やり抜く子」たちを思い浮かべたら、その子たちはやりたくないことは「やりたくない！」とはっきり言うし、やりたいことを我慢していません。やりたい気持ちを解放して、夢中になって取り組んでいます。

「やり抜く子」はどんなことでも我慢するわけではなく、本当にやりたいことのために「目の前のおやつ」を我慢するのです。ですから、基本的に子どもがやりたくないことを「我慢しなさい！」と押しつけるのは逆効果です。

それでは、どうしたら子どもがやりたいことを実現するために必要な「我慢できる力」を育めるのでしょうか。

「我慢できる力」を育む上で大切なことを3つ紹介します。

①我慢させない

我慢させるよりも、**子どもの「やりたい！」をたくさん叶えること**を大切にしましょう。「おもちゃで遊べた」「ブランコに乗れた」「話を聞いてもらえた」といったささいなことでいいので、できる限りたくさん子どもの欲求を満たしていく。**やりたいことをたくさん叶えていくことで、本当に好きなことが見つかるのです。**

「やり抜く子」は、やりたいことを実現するためなら、たとえやりたくないことでも頑張る力を持っています。

しかし、目の前にあるやりたくないことの先に、楽しいことがなければ進んでやりません。好きなことがあるから、つらい練習にも耐えられるのです。**好きなことや夢中になれ**

ることを見つけることが、我慢できる力を高める最大の近道です。

やりたいことや好きなことの見つけ方は、第4章で詳しく紹介しますが、子どもの「やりたい」を我慢させずにたくさん叶えてあげましょう。

②子どもとの約束を守る

「明日、買ってあげるね」というような、子どもとした約束を守ることも大切です。望んでいるものを与えられたり約束を守ってもらえた経験が多い子は、いま我慢しても欲しいものは手に入ると思えるようになります。冒頭の話で言えば、目先のおやつではなく、頑張った先のおもちゃを手に入れることができるようになるのです。

③小さな達成感を体験させる

「頑張ってできた！」という達成感をたくさん経験させましょう。その小さな達成感の積み重ねが、「いま我慢して頑張ったら、もっと楽しいことがある」という思いにつながっていきます。苦しいことも、自分で「楽しい」に変えて努力することができるようになるのです。

たとえば、〝漢字検定に合格する〟という目標があったとしたら、「5分で漢字10コ書けるかなぁ？」というように、最初は短い時間で区切って、簡単なことに挑戦させましょう。

そして、「頑張ってるね」「だいぶ覚えられたね」と、取り組んでいるプロセスや、成長した部分を、たくさん見つけて褒めてあげましょう。

普段から欲求が満たされている子は、目先の苦しいことにも耐えられます。

一見矛盾するように思えますが、**子どもが興味を持っていることを我慢させないことが、我慢できる力を伸ばす**のです。

08 やり抜く子の親は、やりたいことを我慢させない！

09 やり抜く子は問題を解決する手段を見つけ、投げ出す子はすぐに言いわけをする。

中学時代、何をやっても上手くいかず、自信がなくなっていた僕は、自分を守るいい方法を編み出しました。それが、「言いわけ」を見つけることです。


「相手が強いから負けた」

「先生の教え方が悪いから間違えた」

「ケガをしてるから実力を出せなかった」


結果が出なかった時は、すぐに「言いわけ」をしました。周りの人や環境のせいにするのです。「僕がダメなわけじゃない。僕のせいじゃない」と、何度も頭の中で言い聞かせます。

そして、ついに、本気でやることもやめました。「本気でやっていないから成長できない」

そんな最強の「言いわけ」を手に入れるために。

そうすれば自信はなくなりませんでしたが、こんな考えでやっていても、成長はしません。結局、「僕には向いていなかった」と、新しい「言いわけ」を見つけて、何でも途中でやめてしまう。そんな繰り返しだったように思います。

このように、「投げ出す子」は、自分を守るために言いわけをします。「先生が宿題をたくさん出すから練習できなかったの」「友だちがやりたいって言ったから、ゲームをしたの」と、自分だけが悪いんじゃないと言い放つのです。

親御さんの腹が立つのもわかりますが、どうか許してあげてください。この子には、言いわけをすることしか自分を守る方法がないのです。

何か問題が起きた時は、**原因追及型ではなく問題解決型**で子どもと関わってあげてほしいと思います。

原因追及型とは、「なんで？」「どうして？」と問いかけ、物事の原因を見つけるアプローチ。この方法だと、子どもは責められていると感じてしまい、責任を逃れるために言いわけをしたりウソをついたりするようになります。

問題解決型とは、「どうやったらいいかな？」「どうなりたい？」と問いかけ、問題の解決策を見つけていく手法。怒られていると感じることなく、落ち着いてこれからのことについて考えることができます。

さらに、具体的にどのように対応するのかを、3つのステップで解説します。

ステップ1　状況を聞く

問題が起きた時に、「どうしたの？」「何があったの？」と、冷静に子どもに聞きましょう。子どもを責めたくなる気持ちを抑えて質問することがポイントです。感情をぶつけてしまうと、子どもは傷つきたくないので、言いわけをしたくなってしまいます。それでは問題は解決しません。

ステップ2　言いわけを受け止める

「ケンカしたのは弟が先に手を出してきたから」などと言いわけをしても、「弟が先に手を出したからケンカになったんだね」と、子どもの言葉を否定せず受け止めます。そして、「弟に手を出されて腹が立ったのかなぁ」と、**言葉にならない行動の背景にある気持ちをわかってあげること**が大切です。そうすることで、子どもの自己肯定感が守られるのです。

ステップ3　解決策を問いかける

いよいよここで、「どうしたらケンカにならないかなぁ？」と未来への解決案を聞いていきます。「弟がいい子にしたらケンカにならない」「お母さんが弟を叱ってくれたら解決する」など、周りの人に求める行動が返ってくることがありますが、「これから弟とケンカしないために、○○ちゃんができることはある？」のように子どもができる行動にフォーカスして聞いてあげてください。

「弟が叩いてきてもまずは言葉で伝える」など、子どもがアイデアを出してくれたら、「意見してくれてありがとう。できそうかな？」と子どもの気持ちを確認して、「やってみようね。あなたならできるからね」と勇気づけてあげてください。

その約束を子どもがちゃんと守ったら、その場面を逃さずに、すぐさま褒めてあげてくださいね。そうすることで、言いわけではなく、解決策を考える習慣が身についていきます。

09 やり抜く子の親は、子どもの言いわけを否定しない！

第2章

生活習慣 編

10 やり抜く子は商店街で買い物をし、投げ出す子は商業施設で買い物をする。

週末は、家族でショッピングモールでお買い物。それがお決まりになっていませんか。子どもも大人も楽しめるお店が多く、便利ですよね。ただ、声を大にしてオススメしたいのが、商店街での買い物です。商店街は学びの宝庫。**まちで生きている大人とたくさん出会えます**。そんな出会いが、自分の未来を考えるきっかけになるのです。

僕が子どもの時は、大人と触れ合う機会はあまりありませんでした。隣の住人とも、あいさつぐらいのお付き合い。身近にいる大人が、お父さんとお母さん、そして習い事の先生ぐらい。どんな大人になりたいかなんて想像できませんでした。

そもそも有名大学付属の中学校に合格したら、いい会社に行けると思っていたので、将来のことなんて考えませんでした。中学受験のことしか頭になかったのです。

社会人になって初めて、どのように生きるかを考えたのです。自分がやりたいことを見つけるのに、5年かかりました。もっと早い段階で、たくさんの大人と出会い、未来を考える機会があれば、社会に出てから大きく迷うことはなかったと思います。

商店街には、**まちとつながって生きている大人**がたくさんいます。僕が住んでいる和歌山の商店街周辺には、江戸時代から続くお茶の専門店など先祖代々続いているお店もあれば、日本各地のおいしいフルーツを店主自ら厳選して販売している青果店、様々な国から来た旅人と地元の人が交流できるゲストハウスなど、若者が立ち上げたフレッシュなお店もあります。

共通して言えるのが、みんなまちのことが大好きだということ、自分の店に誇りを持っているということです。商店街の人は「自分が儲かればそれで良い」ではなく、イベントを開催して商店街を盛り上げ、まち全体を活性化しようと、情熱を持って活動しています。

子どもには、そんな熱を持った大人と交流してほしいのです。いろんな大人と出会い、「働く」を近い距離で観察することで、**自分がやりたい仕事を発見したり、なりたい大人の姿が見えてくる**。楽しそうに働いている姿を見て、働く喜びも学べるでしょう。

大人になることに希望が持てるようになるのです。

また、学校と家以外でも、新しい居場所ができるかもしれません。

僕も塾に行く時間までは、よく友だちと商店街にある駄菓子屋さんに行っていました。

そこには、違う学校の子もたくさんいて、おもちゃで遊んだり、カードゲームをしたり、ミニラーメンを食べたりして、子どもたちの秘密基地のようなたまり場になっていました。

お店のおばあちゃんも味があって、「大ちゃん、おかえり！　今日はなんか楽しいことあった？」と、いつも笑顔で迎えてくれました。友だちとケンカした時も話を聞いてくれて、お菓子をくれたり、走り回って店のイスを壊した時は思いっきり怒られたり。

そのような**学校と家以外のサードプレイス（居場所）は、子どもの安全基地になります**。逃げ場にもなるし、出会いの場にもなります。

このように、商店街で買い物をすることで、子どものロールモデルが見つかったり、安心できる居場所ができるのです。

だからこそ、たまには、商店街で買い物をしてみてはどうでしょうか。その時には、お店のスタッフに「今日のおすすめの魚はなんですか？」「この白菜で、どんな料理をしたらおいしいですか？」などと積極的に話しかけてみてください。

また、高学年になれば、子どもにおつかいを頼むのも良いですね。

「千円以内で4人分のカレーの材料を買ってきて。何が必要かはお店の人と相談してね」といったミッションを与えるのもいいですね。考える力も育まれますし、お金の計算の練習にもなります。

多くの商店街ではイベントやお祭りも開催しています。親子でボランティアとしてイベントのメンバーに参加してみるのはどうでしょう。イベントを開催するために、たくさんのプロフェッショナルが関わっています。チラシを作成するデザイナー、音響を担当する人、ステージの司会をする人、屋台を運営する人。まちで働いているプロフェッショナルと出会う良いチャンスになります。

10 やり抜く子の親は、学校や家の外にも子どもの居場所をつくる！

学校は狭い世界のほんの一部です。**学校で活躍できなくても、一歩外に出たら自分が輝けるフィールドが必ずある。**学校で嫌われても、自分を受け入れてくれる人はこの世界のどこかにいるはずと思えるようになります。人の数だけ世界があるのです。

教室を飛び出し、まちに遊びに行きましょう。新しい世界が、子どもたちを待っています。

11

やり抜く子は遊びから学び、投げ出す子は習い事から学ぶ。

最近の子どもは、大人以上に忙しい。教室に通う子の中には、９つもの習い事をしている子もいました。

「英語を身につけさせたい」「プログラミングを学ぶことも大事」「ピアノも脳の発育にいいし……」子どもが将来困らないように、いろいろなスキルを習得させることは大切かもしれません。そして、たくさんの習い事をすれば、学力などの目に見える認知能力は高まるかもしれません。

しかし、目に見えない非認知能力が置き去りにされてしまうことがあります。「はじめに」でもお伝えしましたが、**非認知能力が低いと、習い事で学んだ知識や能力を、学校や社会で上手に活かすことができません。**

とはいえ、学力や目に見えるスキルも大切です。「字が上手い」「英語が話せる」「ダンスが踊れる」など、他の子よりも能力が高い状態を作ることで、学校で褒められたり認められる機会が多くなり、「自分ならできる」という自己効力感が高まります。

「英語は何歳から始めたら良いですか？」

英語の学校を運営しているので、このような相談をよく受けます。そんな時は決まって、「いつでもいいですよ」と答えます。**子どもがやりたいと思った時が、ベストのタイミング**だと。

実際、僕も25歳から英語を本格的に勉強し始めて、5年かかりましたが、その後アメリカの大学院に留学し、現地で大きなトラブルもなく、いろいろなインターンシップを経験して卒業できました。日本人からはカタカナ英語と笑われましたが、アメリカの子どもたちにはオモシロイ個性として受け入れてもらえました。伝えたい気持ちがあればカタコトでも伝わるのです。だから、思います。**やりたい時に学べばいい。困った時に始めればいい。**

子どもの選択肢を広げてあげたいという気持ちはわかりますが、子どもが自分で選んで前向きに取り組まなければ、能力は身につきません。

むしろ、無理やりやらされている状態だと、嫌いになってしまいます。受験が終わると勉強しなくなる学生が多いのは、大学に行くために仕方なしにやっているから。**自分が決めた好きなことでなければ、身につかないし、続かない**のです。だから、習い事は**いま子どもがやりたいことを習わせることが大切**です。

「やり抜く子」は、習い事もしていますが、友だちとの遊びから、たくさんのことを学んでいます。

「オレ、鬼ごっこの進化版を考えたから、やってみよう！」「ケンケンだけで学校まで行ってみよう！」「このビーズでいっしょにアクセサリーを作らない？」と、少しでもスキマ時間を見つければ、友だちと作戦会議して、いろんな遊びを開発します。

どうやったらもっとおもしろくなるだろうと考えて、みんなと話し合ってやってみる。時にはケンカをすることも、思っていたようなおもしろい遊びができないこともあるでしょう。しかし、そんな心と体を動かす没頭体験を通じて、「考える力」「協力する力」「創造する力」という非認知能力が育まれていきます。**夢中になって取り組める学びの土台**ができていくのです。

11 やり抜く子の親は、子どもが夢中になれる時間を大切にする！

僕は、3〜12歳の子どもにとって、**「夢中になれる体験」**以上に大切なことはないと考えています。ツールはなんでもいいのです。将棋でも、英語でも、ピアノでも、スイミングでも、そして、鬼ごっこでも。

たとえ習い事が多くても、子どもが目を輝かせ、前のめりになって学んでいるのであれば、何も問題はありません。ただ、いつも疲れた顔をして、やる気がなく、やらされ感で通っている状態であれば、少し習い事を見直してみてはどうでしょうか。

夢中になるためには、ゆとりが大切です。**「誰からも評価されない時間」「自分が思った通りに動ける時間」「何もしなくてもいい時間」**です。そんな時間を、少し増やしてみませんか。ぼーっとする時間をプレゼントしてあげましょう。

12
やり抜く子は寄り道をし、投げ出す子は近道をする。

「いつまでやってるの！　早くやりなさい！」「そっちじゃないよ！　こっちだよ！」

マイペースな子どもにイライラすることはありませんか？

一度やり出したら、誰の声も届かない。新しい場所に行けば、いつもピュイーンと走ってしまって迷子に。イスに座って静かに勉強できない。言われたことをきっちりできない。ええ、これは、僕のことです。どこにいっても大人に怒られました。じっとしてなさい、と。

決められたことをやることも、落ち着いて学習することも大事です。社会では、効率よく仕事をすることが求められます。だから、大人は知らず知らずのうちに、ムダなものを排除して、「より速く、よりたくさん」というライフスタイルになっています。

寄り道は禁止。なんとかして近道を見つけなければなりません。僕はそんな社会が、窮屈でした。とても苦しかったです。

大人でもしんどいのに、子どもに同じことを求めても良いのでしょうか。子どももも燃え尽きて、空っぽになってしまいます。

本当に、速く走らないといけないのでしょうか？

僕はそう思いません。速く走る力も大切ですが、走ることに楽しみを見出す力も大切です。近道を見つけることも大切ですが、世の中にはいろんな道があると知ることも大切。大切なことは一つではありません。人生は旅です。**いろんな道を歩みながら、人生を楽しんでほしい**ものです。子どもの人生はまだ始まったばかりなのだから。

また、寄り道することは、子どものやり抜く力を育むためにとても有効です。

「やってみたい」「おもしろそう」という好奇心に動かされて、決められた道から一歩外へ。レンガをひっくり返してみたり、いつもと違う公園で遊んでみたり、初めてバッティングセンターに行ってみたり。

「いつまでそんなムダなことをやってるの」と、大人は思うかもしれない。

しかし、いつもの生活からはみ出したところに、新しい発見があるのです。「こんなところにダンゴムシがたくさんいる」「ブランコって楽しい」「野球っておもしろいかも」と、好きなことや得意なことが見つかるかもしれない。新しい友だちができるかもしれない。そのような**「やりたい」から突き動かされる体験が、子どもの生きる力になります**。時間を忘れて没頭する体験。褒められなくても、やりたいからやる。そんな内側から湧き上がってくる情熱が、あきらめない心を育て、一歩踏み出す勇気を育んでいくのです。

「早くしなければならない」「計画通りに進めないといけない」「完璧でないといけない」こういった考えが強くなると、子どもの好奇心を奪い、将来の可能性を狭めてしまいます。思い通りに進まない子どもを見て、親もイライラしてしまうという悪循環。

寄り道を許してあげられるような、時間にも心にも余白を持った生活スケジュールを組みましょう。**ジャマしない、焦らさない、求めない**、この3つが子どもの好奇心を育てる上で大切です。

とは言っても、親には親の都合があるし、生活があるし、人生があります。子ども中心にすべてを考えていたら、生活がままなりません。ずっと公園で遊ばせていたら、夜ご飯が作れない。親が先に燃え尽きてしまいます。ですので、次の予定がある場合は、「1時間は公園で遊んでいいよ」などと、遊ぶ前に子どもと約束しましょう。**子どもの気持ちを尊重しつつ、親の気持ちも我慢せずに伝えること**が大切です。どちらかが犠牲になる関係は、破綻してしまいます。だから親も我慢しない。自分も子どももリスペクトする。

12 やり抜く子の親は、寄り道を大切にする！

「寄り道、脇道、回り道。しかしそれらもすべて道。」

人気のアニメ「スマイルプリキュア！」の主人公が言っていた名言です。

「やってみたい」という好奇心の中に、子どもの才能や天才性が隠れています。時には、道を外れることも歓迎して、にっこりあたたかく見守ってあげましょう。

13 やり抜く子は家の中で役割があり、投げ出す子は家の中で役割がない。

「自分はここにいていいんだ」

誰かの役に立っているという実感が、子どもの自己肯定感を高め、「もっと頑張ろう」というやる気につながります。

僕が運営する放課後スクールでは、**子どもに「役割」を与えること**を大切にしています。Empower（エンパワー：権限委譲）することです。大人が考えたものをやってもらうだけではなくて、子どもと一緒につくり、責任あるポジションを任せます。その子の**得意なことや好きなことで、仲間の役に立てるという経験をたくさん積んでほしいから**です。

たとえば、映画を作るプロジェクト。アイデアを出すのが得意な子は、アイデア隊長に任命し、映画の内容を考えてもらう。意見をまとめるのが得意な子は、こどもMCに任命し、みんなの意見を引き出してもらう。走るのが好きな子は、ランニングキャプテンに任命し、走り方を教える先生の演技を映画の中でしてもらう。

このように、それぞれの得意なことが上手く組み合わさることで、一つの作品ができるということを体験してほしいのです。「主役を演じる人がエライとか、試合で点数を決めた人だけが認められるのではなくて、どのポジションも素晴らしい。あなたがこのチームには必要なんだ。あなたが得意なことを見つけて、それをやり続けることで、みんなに感謝される。チームの一員として認められるんだ」

そのようなメッセージを伝えたくて、僕は30歳で脱サラして、子どもの教育をやっています。

ご家庭でも、子どもに何かしら「役割」を与えてみてください。子どもの興味があることや、好きなことや、得意なことであれば、どんなことでもＯＫです。

ただ、一方的に家の雑用を押しつけるだけだと、子どももそれを感じ取り、まったく効果がありません。家の「役割」を、やる気を持って取り組んでもらうためには、３つのコツがあります。

①称号を与える

特に、小学生の男の子は、**称号や肩書きを与えられる**と燃えます。「○○リーダー」「○○隊長」「○○キャプテン」「○○大臣」「○○名人」「○○マスター」など。「服をたたむのがあなたの仕事ね」と言われるよりも、「○○ちゃんは、服をたたむのが上手だから、今日から服だたみ大臣に任命したいと思う。忙しい時に、服をたたんでくれたらとても助かるの。やってもらえそうかな？」という風に子ども心をくすぐれば、引き受けてもらいやすくなります。

②感謝を伝える

子どもがしてくれたことに、心からありがとうを伝えることが、やる気に火をつけます。感謝を伝えるテンプレートはこちらです。

「○○をしてくれて、わたしは○○（な気持ち）だよ。ありがとう」

何かをしてくれている場面を見たら、その場ですぐに子どもの目を見て、子どもの心に届くように伝えましょう。

「疲れている時に、服をたたんでくれて、本当にうれしいよ。いつもありがとうね」

③習慣化する

①や②のようにして家事をたまに任せたとしても、前提として「家事はママやパパがすること」というマインドがあると、それは家族の中での「役割」とは言えません。

子どもが学校や習い事、スポーツなどで忙しそうにしていると、家事を頼むのは気が引けるのはわかります。反抗期だったり、口が達者なお子さんであれば、なおさらです。でも、忙しいのはママやパパだって同じこと。そして、**家事は家族全員ですることです**。小さなこと、たとえばご飯やお味噌汁は自分でよそう、ご飯の時に家族のお箸を並べる、自分の洗濯物は自分でたたむなど、喜んでお手伝いをしてくれる低学年の時期から「家事はみんなですること」としっかり教えて、子どもができることをどんどん任せましょう。

大人に任せてもらえることで、「信じてもらえている」と自己肯定感が高まります。

たとえあなたが思った通りに完璧にできていなくても、まずは、やってくれたことに感謝する。その後に、必要であれば、「こうやってみるのはどう？」と、提案すると良いでしょう。

13 やり抜く子の親は、子どもが得意なことを任せる！

14 やり抜く子はルールの意味を考え、投げ出す子はなんとなくルールに従う。

ところで、「いい子」とは、なんでしょう?

親の言うことをちゃんと聞く子。文句も言わずにルールに従う子。大人が求めていることを進んでやってくれる子。そのような子どもが、世の中では「いい子」だと認定されがちです。みんなから褒められて、かわいがられて、愛されて。

しかし、そのような「いい子」ほど、決めたことを最後までやり抜くことができなかったり、責任感がなかったりします。

それはなぜか? **自分の頭でルールの意味を理解していないから**です。大人が言うことはいつも正しい、逆らわずに従うべきと考え、自分の頭を使っていません。

「自分にはどうにもできない」とやる前からあきらめてしまったり、やる理由がわからないのでやる気が出てきません。「宿題をやりなさい」と言われても、「何のために宿題をやるのか」がわからないと、夢中になって取り組めず、イヤイヤやっていることは身につきません。上手くいかなくても、人のせいにして投げ出してしまいます。子どもの時の僕は、ずっとそうでした。周りの大人の言うことを1ミリも疑わず、「ルールだから仕方ない」と考えて生きてきたのです。

自分で考えて自分で決めたことなら、どんな結果が出ても責任を取れます。自分の行動に責任を持つことで、つらいことがあっても耐えることができるのです。

また、これからの時代、決められたルールに従っていても成功できる保証はどこにもありません。だからこそ、**ルールをやみくもに信じるのではなく、様々な情報を集めて、自分の頭で考えて行動すること**が大切なのです。

「やり抜く子」は、ルールの意味を自分の頭で考えます。なんのためにルールがあるのか。なぜこの約束を守らなければならないのか。わからないことや納得のいかないことがあれば、たとえ相手が大人でも、質問して自分の意見を伝えます。もちろん、意見が通らないこともあるし、法律のように自分の力では変えられないこともある。その時は、仕方がないこととして納得して、ルールに従うのです。

ルールだけではなく、自分が決めたことや取り組んでいることに対しても、そもそもの意味や目的を自分の言葉でちゃんと説明できます。誰かに言われたからやるとか、なんとなくやるのではなくて、明確な理由がそこにはあるのです。だから、失敗しても立ち上がり、最後までやり続けることができます。

日頃から一方的にルールを守らせるのではなく、**ルールの目的を伝えたり、なんのためにルールがあるのか**を考えさせてみてください。

「なんで廊下では走ったらダメなの?」「もし信号がなかったら、どうなるかな?」「なんで優先席では高齢の人に席を譲らないといけない?」「なんでモノを買う時にお金を払わないといけないの?」

日常のささいなことでOKです。「ルールだから」「なんとなく」「大人に怒られるから」という答えは禁止。じっくり焦らせずに子どもの頭で考えさせましょう。

子どもはまだ体験量が少ないので、「(優先席について)高齢の人は体力が弱っていたりするから、元気なあなたは席を譲ってあげたほうがいいのよ」と、伝えてもちゃんと理解できないかもしれません。それでいいのです。

実際に自分が体験した時に、教わったことと体験したことが紐付いて、新しい考え方がつくられていきます。将来、その子が骨折して松葉杖生活になった時に、誰かがバスの席を譲ってくれたら、優先席の意味を自分の体験によって理解するでしょう。

弱っている人を助けてあげることの大切さを、肌で感じることができるのです。

「ダメなものはダメ」「子どもだからダメ」「ルールだから」などの理由で、子どもにルールを押しつけるのはやめましょう。

また、「人に迷惑をかけてはいけない」という言葉もよく聞きますが、「図書館ではみんなが勉強しているから静かにしようね」というように、具体的な内容を伝えたほうが、子どもの行動にもつながりやすいです。

14 やり抜く子の親は、ルールの意味を考えさせる！

15 やり抜く子は楽しいを自分でつくり、投げ出す子は楽しいをお金で買う。

「どうやって子どもを楽しませよう?」

スクールを立ち上げてから、僕がずっと考えていたことです。

授業では、お笑い芸人の明石家さんまさんのように、ボケたりつっこんだりしながら、あの手この手を使って子どもたちを盛り上げていました。

そうすると、子どもたちは「もっとやって、もっとやって〜」と、夢中になってくれました。親御さんにも感謝されて、お客さまも増えて、たくさんのメディアに取り上げられました。

しかし、これでいいはずなのに、どこかおかしいという違和感がありました。

それがはっきりと言葉になったのは、スクールを開校してから3年が経った頃でした。

ある授業のオープニングで、絶対にウケる鉄板のゲームをやりました。

予想通り、子どもたちは大盛り上がり。「もっとやりたい」というところで中断して、休憩を取ることにしました。僕は満足げに教室を出て、レストルームでお茶を飲んで一服し、そろそろ戻ろう、という時に、教室から何やらざわめきが聞こえてきました。

恐る恐る部屋のドアに近づき、そっと中をのぞいてみると、子どもたちが鬼ごっこをしています。鬼にタッチされたら鬼になるというごく普通の鬼ごっこなのに、みんなゲームをしていた時よりも楽しんでいるように見えました。

さらに驚いたことに、人見知りでゲームに参加できなかった女の子が走り回っているのです。そんな顔見たことない、という満面の笑みで、鬼から逃げているじゃないですか。

その時、ずっと感じていたモヤモヤの正体に気づきました。僕は、**与えすぎていた**んだと。楽しませよう、喜ばせようと、必死になりすぎて、自分から動きたいという子どもの好奇心を抑え込んでいたのです。何もしなくても、楽しいものを与えてもらえる環境を作っていたのです。

これでは生きる力は育ちません。自分で考えて、仲間と協力し、試行錯誤の中で新しい価値を生み出していく、そんな力が育っていかないのです。

その日から僕は、**「楽しいを与える」先生をやめ、子どもと一緒に「楽しいをつくる」プレイヤーになろうと決めました。**

そして〝まちなか実験室こどもラボ〟という新しいプログラムをつくりました。そこでは僕もメンバーの一人として、ゼロからアイデアを出し合いながら楽しい商品を開発しています。

このまま子どもに「楽しい」を与え続けていたら、社会を自分の力で生き抜いていくことができません。ライバルは、AIやテクノロジーです。AIやテクノロジーを上手に活用しながら、それらにできないことを、自分で考えて生み出していかなければならない。そのためには、**楽しいことをただ消費するだけではなく、自分で楽しいを生み出す力**が大切です。それでは、親として何をしたらいいのでしょうか。

簡単です。与えすぎないこと。**何もない環境だからこそ、何かを生み出す力が発動します**。おもちゃを与えて、ゲームを与えて、楽しい旅行に連れて行って、楽しい体験をたくさん与えて、それが当たり前になってしまうと、子どもは自分から動かなくなります。別にディズニーランドに連れて行かなくても、公園でいいし、お家にいいのです。原っぱでもいいし、お家でもいい。自分から動き出さないと、楽しめない環境をつくりましょう。親が必死になって子どもを楽しませなくてもいい。子どもが楽しめるかどうかの責任は、親にはありません。子ども自身にあります。退屈な体験が、創造力を生み出すのです。

もちろん、お金で買える楽しさもあるし、いろいろなことを経験させて選択肢を広げることも、子どもの教育において大切です。でも、それ以上に、誰かに与えられる「楽しさ」に依存せず、「やってみたい！」から突き動かされ、好奇心のままに没頭し、仲間と試行錯誤して「楽しい」をつくる体験は、これからの時代を生きていくための武器になります。

たとえ遊園地がなくても、たとえクラス替えで友だちと離れ離れになっても、**「楽しいは、自分でつくれる！」**というように。

どんな環境でも楽しめることが、幸せに生きていくための秘訣です。

心配しなくても大丈夫。何も与えなくても、子どもは勝手に楽しみますから。

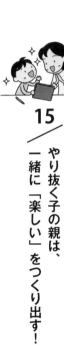

15
やり抜く子の親は、一緒に「楽しい」をつくり出す！

16

やり抜く子はプレゼンして買ってもらい、投げ出す子はダダをこねて買ってもらう。

「ヤダヤダ！　おかし食べた〜い！　買って買って〜！」

スーパーのおかしコーナーで、泣き叫ぶ子どもをよく見かけます。

「買わないって約束したでしょ！　わがまま言わない」と伝えるものの、言うことを聞かない子どもにウンザリ。しかし、これは親にとっては、日常のほんの一コマに過ぎません。

公園に行けば、時間を過ぎても「もっとやりたい！」と訴え、ご飯を作っても、「ハンバーグが食べたい！」とダダをこねる。


「投げ出す子」は、ダダをこねて自分の欲求を満たそうとします。欲しいものが手に入るまでは、そこを離れません。床に寝転び、イスを蹴って、わめき散らす。

こんな時には、一方的に親の都合を押しつけるのではなく、子どもが納得するようにコミュニケーションすることが大事です。具体的な方法を４つのステップで解説します。

ステップ１　事前に約束する

子どもと一緒に行動する前に、**あらかじめ問題になりそうなことを予測して、話し合って約束を決めましょう**。子どもが納得できるように理由も伝えることが大切です。

（買い物に行く前に）「おやつはまだ家にたくさんあるから、１コだけ買っていいよ」

（公園で遊ぶ前に）「夕ご飯の用意があるから、５時になったらお家に帰るからね」

（テレビを見る前に）「夜ふかしすると朝起きられなくなるから、テレビは８時までね」

ステップ２　（約束を破ったら）まずは共感する

ダダをこねている姿を見るとイライラする気持ちもわかりますが、**まずは子どもの気持ちを落ち着かせましょう**。「このおもちゃが欲しいのね」「もっと遊びたいのね」と、子どもの心に寄り添って共感します。

公共の場所で、人の目が気になるようであれば、落ち着いて話せる場所に移動しましょう。場所を変えると、気持ちが落ち着くこともあります。

ステップ3　アイメッセージで気持ちと約束を伝える

子どもの気持ちが落ち着いたら、親の気持ちと約束を、**「○○だから、○○な気持ちになった」**など、**自分を主語にしたアイメッセージ**で伝えましょう。

「おかしは1つって買い物に行く前に話し合ったのに、約束を守ってくれなくてお母さんは悲しいよ」

ステップ4　プレゼンしてもらう（子どもの意見を聞く）

親の考えを伝えた後は、あらためて子どもの意見を聞きましょう。プレゼンタイムです。

僕の教室では、「アイデアを実現したい時はプレゼンする」というルールがあります。仲間と一緒にプロジェクトを進めていくためには、「やりたい」だけでは、ダメです。誰も協力してくれません。

やりたいという気持ちを、自分の言葉で伝えて、仲間に「いいね！」と共感してもらうことが大切です。それは、社会に出てもまったく同じことです。

子どものプレゼンを聞いたら、主張の「理由」や「聞き手のメリット」を中心に、率直に感じたことを質問しましょう。相手目線でさらに深く考えられるようになります。
理由：どうしてそう思うの？ その理由は何？
聞き手のメリット：そうすることで、わたし（親）にどんないいことがある？

慣れないうちは、「だって、クラスの○○ちゃんも持ってるから」とか、「だって欲しいんだもん」など、納得できる意見は出ないものです。自分の意見が採用されずに、ムスッとすねたり、怒りをまき散らす子もいます。

しかし、そのような経験を通じて、**どうやったら相手に伝わるのか、周りに認めてもらえるのか**を考えるようになり、一方的なワガママな主張が少なくなっていくのです。

小学生以上のお子さんをお持ちのご家庭であれば、「欲しいものや意見があったらプレゼンする」ということを決め事にしてみてはどうでしょう。

16 やり抜く子の親は、欲しいものや考えをプレゼンさせる！

17 やり抜く子は10分前に用意が終わり、投げ出す子はいつもギリギリ。

「そろそろ起きなさい！」「まだご飯食べてるの！」「歯を磨きなさいって何回言ったらわかるの！」「早く着る服を決めてよ〜！」「忘れ物はない？」「遅刻するよ！」

あの手この手を使って子どもを急かすものの、目を離せばテレビを見てボーッとしていたりと、焦っているのは親ばかり。「いつまでやってるの！」ときつく叱ってようやく動き出す。結局、親が身支度を手伝って、学校に行かせる毎日……。

自分で計画を立てて、やるべきことを整理し、時間内に実行することは、やり抜く力を高める上で重要です。

ここでは、子どもが朝の身支度を、登校の10分前に終わらせるためのお支度ボードの上手な活用法を紹介します。

朝の身支度がゲームのように楽しくなれば、自分で用意する習慣が簡単に身につきます。

ただ市販されているボードを買い与えるだけでは、三日坊主で続きません。上手に活用するためには、コツがあるのです。

《用意するもの》

・ホワイトボード
・ペン
・両面マグネットシート（大きさを自由にカットでき、裏表の色が違うもの）
・マスキングテープ
・アナログ式タイマー

《書くこと》

「朝」「帰ってから」「夜」の３つのカテゴリーで、それぞれのやることと目安の時間をカットしたマグネットシートの表に書きます。子どもと話し合いながら一緒につくりましょう。裏には「できたね～！」「ご飯おいしかったかい？」「今日も絶好調だね！」というような褒め言葉やメッセージを記入します。

それぞれのカテゴリーの一番上には、すべてのやることを終わらせるゴール時間を書きます。一番下の欄には、「ごほうびタイム」として、時間内に達成できた時にやっていい楽しいことを何にするか子どもに聞いて書きましょう。

習慣化するまでは、「おかしひとつ」など、ごほうびをあげてもＯＫです。

左の図がボードの記入例です。

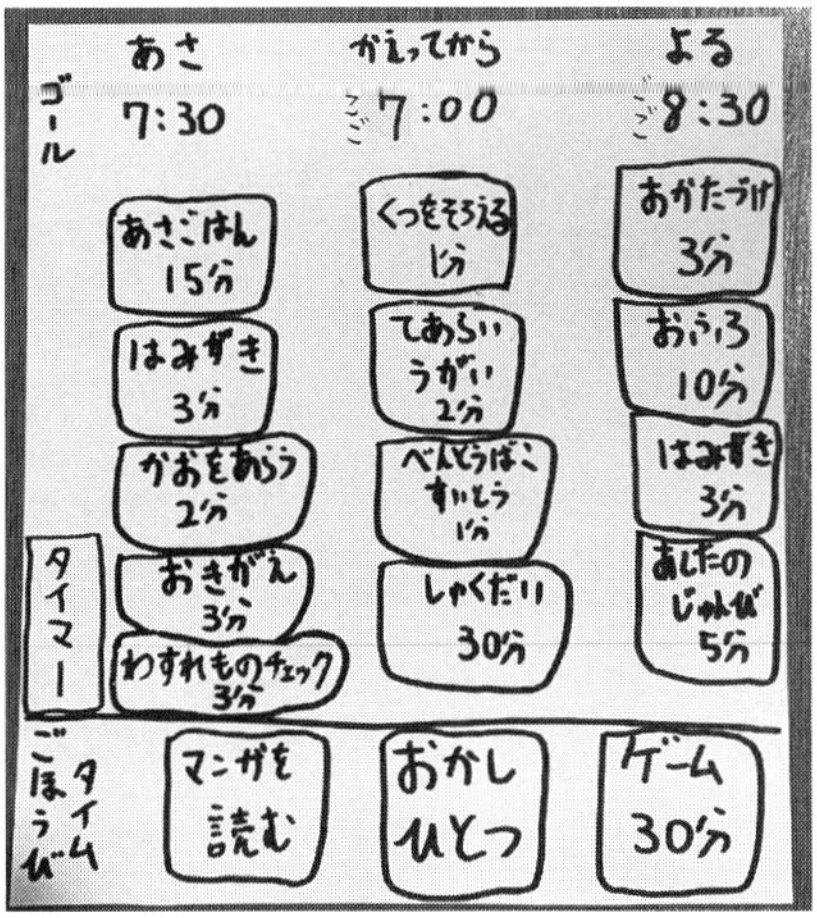

マスキングテープでデコレーションしたり、人気キャラクターの絵を描いたりすれば、子どもも楽しく取り組めますね。朝起きる時に、子どもの好きなテンションが上がる曲をＢＧＭでかけてあげてもノリノリで取り組めるかもしれません。

《使い方》

①朝起きたら、ボードを確認する。

②やることを決めたら、タイマーボタンを目安時間にセットして、行動する。

③終わったらマグネットシートを裏返して、次のやることを確認し、同じことを繰り返す。
④ゴール時間内に終わったら、ごほうびタイム。
⑤寝る前にボードを見て一緒に振り返り、できているところは認めてあげて、どうやったら上手くいくか作戦を練る。ごほうびタイムにやりたいことを記入する。

朝起きた時の楽しみがあると、早く寝ようという気にもなりますし、スッと目が覚めます。
また、やることと目安時間が「見える化」されていて、できたときには裏返すことでマグネットシートの色が変わるので、達成感が味わえます。ゲームのミッションをクリアしていくように、朝の準備を楽しくできるようになります。「また時間内にぜんぶ終わらせたい！」「ごほうびタイムが欲しい！」といった目標ができたり、楽しいことが待っているから、自分で考えて行動できるようになるのです。

ムリやり動かそうとせず、動きたくなる仕組みをつくりましょう。

17 やり抜く子の親は、起きるのが楽しくなる「お支度ボード」を子どもと一緒につくる！

18
やり抜く子は部屋をきちんと整理し、投げ出す子は部屋にモノを出しっぱなし。

子ども部屋の床一面に散乱しているおもちゃを見て、言葉を失う。せっかくキレイにしてもあっという間に散らかされる。リビングにもお絵かきセットやら戦隊モノのおもちゃやらがまき散らされ、くつろげるスペースがまったくない。

「何度言ったらわかるの。さっさと片付けなさい！」と声を荒らげるものの、なかなか片付け始めない子どもにイライラし、結局、自分で片付けることに。このように、片付けられない子どもに悩んでいる親御さんも多いのではないでしょうか。

「投げ出す子」は、整理整頓するのが苦手です。出したものを片付けられず、部屋はいつも散らかっています。いろんなおもちゃを出して遊ぶものの、また後で遊ぶからと、そのまま出しっぱなし。どこに何があるかもわかっていないので、探すのに時間がかかったり、モノをなくしてしまうこともあります。

片付けられないことは、子どもの学習面にも大きく影響します。モノが学習机に広がっているので、スペースを作るのに時間がかかり、勉強はついつい後回しに。消しゴムを使いたいと思ってもどこにあるかわからず、探している間におもちゃを見つけてそのまま遊んでしまう。目に入るおもちゃが気になって、勉強に集中できないのです。

子どもが自分で片付けができるようになるには、**「片付けることは大切」「片付けると気持ちいい」「片付けって簡単」**と思ってもらうことが大切です。

ここでは、4つの方法を紹介します。

①スペースを分ける

リビングにおいては、**子どもが自由におもちゃで遊べる「キッズスペース」と、みんなでくつろぐ「リラックススペース」をきっちり分けましょう。**フロアマットを敷いて視覚的に区別するのが効果的です。本書の14でもお伝えしたように、子どもが納得できる理由を伝えた上で、キッズスペースだけで遊ぶことをルール化します。キッズスペース内に大きい箱を置いておき、遊び終わったらそこに片付けるように伝えましょう。

②3つのボックスで整理整頓

整理整頓は、**「どこに置いてあるかすぐにわかる」「すぐに取り出せる」「簡単に片付けられる」**この3つがポイントです。収納ボックスや棚がたくさんあり、どこにモノがあるかわからない状態だと、片付けるのも出すのも大変です。

だから、シンプルに、収納ボックスは3つにしましょう。透明で中身が見える入れ物が望ましいですね。どのように分類するかは子どもと相談しながら決めます。

たとえば、「いつも遊ぶ大好きなおもちゃ」「たまに遊ぶ好きなおもちゃ」「あまり使わないけど捨てたくないおもちゃ」など。

③片付いた状態を体験する

片付くと気持ちいいということを体験してもらうために、まずは子どもが心地よく過ごせるスペースを一緒につくりましょう。おもちゃ、本、勉強道具、カバン、服など、どこに何を置くのかを子どもと相談しながら決めていきます。子どものお気に入りの部屋が完成したら写真に撮って、それぞれの棚の横に貼り付けておくと、写真を見ながら一人で片付けることができます。

片付けが終わったら、「片付くとスッキリして気持ちいいでしょ」と、子どもにも聞いてみてください。心地よい自分のスペースを体験できると、その状態を守りたいという気持ちが出てきます。

④クリーンアップタイム

片付ける時間に運動会用のＢＧＭ（３〜５分）を流して、「曲が終わるまでにどっちが早く片付けられるか競争だ〜」と言って、ゲーム形式にすると楽しみながら片付けてくれます。はじめは親も混じって本気で勝負してくださいね。

「もっと遊びたい〜」という子も、ＢＧＭが流れたら気持ちを切りかえて片付けができるようになります。

18
やり抜く子の親は、「片付けると気持ちいい！」を体験させる！

19

やり抜く子はあるモノに感謝し、投げ出す子はないモノに不満を言う。

「〇〇ちゃんの家みたいにハワイに行きたい！」「僕も新しいおもちゃが欲しい！」「違うゲームがやりたい！」「え〜！　ハンバーグがよかったのに〜」と文句ばっかり。

小学生になっても、ずっと「イヤイヤ期」が続いているような状態。子どもの時の僕がまさにそうでした。

「投げ出す子」は、**ないモノに注目します**。いつも友だちと比べて、自分が持っていないモノがあったら不満を言い、与えられたモノにも、「めんどくさい」「いやだ、やりたくない」と文句ばかり言って、周りを困らせます。

欲しいモノを手に入れても、うれしいのは一瞬で、また自分にないモノがうらやましくなる。いつまでたっても心が満たされない。

感謝の心を持っている人は、幸福度が高くなることが多くの研究によって報告されています。ないモノに目がいけば、感謝の心がなくなり、いつまでたっても満たされない。あるモノに目がいけば、感謝の心が生まれて、いつでもどこでも満たされる。あれもない、これもない、僕は不幸だという状態では、行動する気力が湧いてこないのです。だから、僕は子どもに、たくさんの人から与えられていることに気づき、感謝する心を持ってもらいたいと願っています。

今回は、僕が感謝の心を持てるようになった2つの人生経験を、ご家庭でどのように実践するのかも添えてシェアしたいと思います。

①「失う」経験

アメリカ留学によって、いままで持っていたモノを失いました。車も家もスマホも仕事も。近くには家族も友人もいない、日本語も通じないし、大好きなお寿司も食べられない。何もない状態がデフォルトです。そうなると、ささいなことが喜びに変わります。寒い冬にバスを待っていると車のありがたさに気づいたり、家が見つからずに苦労した時、自分の部屋がある幸せに気づいたり、風邪で一人で寝込んだ時に、家族のあたたかさに感謝しました。いままであたりまえだと思っていたことは、みんなが僕にプレゼントしてくれたモノだとわかったのです。その時、ここまで僕を育ててくれたすべての人や環境に、心の底から「ありがとう」が言えました。**あたりまえを失うことで、感謝の心が自然に湧いてきた**のです。

《子どもへの実践例》

・非日常の体験（キャンプ、自然体験ツアー、海外プチ留学など）
・親が仕事や旅行で家を離れる、長期休暇中に子どもを田舎の親戚に預ける
・親がやっていた家事を、お手伝いから始めて少しずつ子どもに任せる

②「つくる」経験

社会人になってダンスを通じた地域活性化活動を始めました。僕たち若者の声なんて誰も聞いてくれないだろうと思っていたら、「おもろいことやってるやんけ！　なんでも言うてくれ！」と中小企業の社長やまちで生きている大人たちが力を貸してくれたのです。協賛してくれたり、告知してくれたり、舞台の設営をしてくれたり。

ついには行政も賛同してくれて、和歌山城の前という大舞台でイベントができることに。

真夜中にこそこそビルの陰で練習していたダンサーたちが、陽の当たるまちのど真ん中で思いっきり自分を表現している。心が震えた瞬間でした。力を貸してくれたこの和歌山の大人たちに、心からありがとうが言えました。自分で行動してつくる経験を通して、自分一人では何もできないことに気づけるのです。

《子どもへの実践例》

・何かを提供する社会活動（職業体験テーマパーク、モノを販売するフリーマーケット、まちのイベントメンバーに加わるなど）
・親子で自然の中で「遊びをつくる」教育プログラム（はらっぱ大学など）
・誕生日会やパーティーを一から企画してつくってみる

困った体験や感動した体験を通じて、あたりまえだと思っていたことが、誰かの想いや行動によってつくられていたものだと気づくと、自然に感謝の気持ちが湧いてきます。

与えすぎず、適度にあたりまえを奪ってみましょう。

19 やり抜く子の親は、あたりまえのありがたさに気づかせる！

第3章

学習習慣 編

20 やり抜く子はやる気まんまん、投げ出す子はやる気がない。

「とにかくやる気がないんです。始めたばかりの英語教室も、『イヤだ、もう行きたくない』と言っています。これまでどの習い事も、半年も続きません。もう少し英語教室を続けてもらいたいと思っているのですが、どうしたらいいでしょうか？」

このような相談を受けることがあります。僕は、習い事においては、基本的に子どもがやりたくないならやらなくていいと考えています。本書の11でもお伝えしましたが、無理矢理やらせても身につかないし、嫌いになってしまうからです。

とはいえ、事前に「1年は続ける」などの約束をしていたり、テキストや道具一式を揃えてしまった場合、「やめたいならやめていいよ」と言えない気持ちもわかります。

また、すぐにやめてしまうと、本当の楽しさを経験しないまま、その子の人生から英語やスポーツ、ピアノ、習字などが消えてしまいます。それは阻止したい。だから、僕の教室に来てくれた子には、この教室を好きになってもらえるように、力を尽くします。「早く木曜日にならないかなぁ」と思ってもらえるくらい一週間で一番楽しみな日にしたいし、子どもが子どもらしくいられる特別な場所をつくりたい。本当にやりたいことを見つけて、全力で打ち込める場所にしたい。そのように願い、これまで7年間、スタッフと力を合わせて、子どもが夢中になれる教室づくりをしてきました。

今回は、教育心理学者ジョン・ケラーが提唱した**「ARCSモデル」**をベースに、僕の教室で実践してきた子どものやる気を劇的に高める4つのポイントを紹介します。

①A（Attention：注意）「やってみたい！」

「なんか楽しそう」「もっと知りたい」と子どもの好奇心を刺激する。本書の21で紹介する「ゲーム化」や、いつもとは違う非日常の演出を工夫しましょう。

〈具体例〉

対戦する、一緒にやる、時間をはかる、クイズにする、子どもの行動を実況する（いちいち反応して声に出す)、「できたらすごいけどやってみる?」と挑発する、「本当はやったらダメだけど1回やってみる?」と興味をくすぐる、レクチャーを少なめにして体験を重視する、基礎練習よりも実戦(一番楽しいことに触れさせる)、本物や一流と触れ合う機会をつくる

②R(Relevance:関連性)「役に立ちそう!」

「やりがいがありそう」「困っていることが解決しそう」と、これから学ぶことが自分の役に立つと思ってもらう。そうすることで受け身ではなく、自分から進んで取り組めるようになります。

〈具体例〉

「これをやったらどんないいことがある?」と問う、「○○をやれば、○○がもっと良くなるね」とメリットを伝える、練習の目的を伝える、困らせて必要性を感じてもらう

③C(Confidence:自信)「やればできそう!」

努力をすれば達成できると感じてもらう。「やっても無理かも」という不安よりも「や

ればできそう」という自信が勝れば、チャレンジできます。

〈具体例〉

小さい目標を立てる、子どもに決めさせる、失敗を許可する、年の近い子に見本を見せてもらう、他人と比べず過去の子どもと比べる、動画を観せて成功シーンを想像させる

④S（Satisfaction：満足）「やって良かった！」

やって良かったという楽しさや満足感が得られるようにする。楽しかったり、うれしい経験をすれば、もう一回やりたくなります。

〈具体例〉

結果をスコア化して成長を実感させる、「○○をしてくれたから助かったよ」と感謝を伝える、ごほうび（やり始めの数回は有効。やりすぎるとごほうびがないと動けなくなるので要注意）を与える

20 やり抜く子の親は、やる気に火をつける仕組みを知っている！

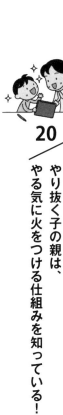

21 やり抜く子は勉強をゲーム化し、投げ出す子は勉強をイヤイヤする。

「早く宿題しなさい！」
小学生のお子さんを持つ親御さんなら、一度は言ったことがあるのではないでしょうか。口出しするとやる気をなくすこともわかるし、自発的に楽しみながら勉強に取り組んでほしいと願っています。しかし、期日は迫っているのに、なかなか勉強にとりかからない我が子を見ると、つい怒鳴ってしまうのです。

「投げ出す子」は、勉強をイヤイヤします。親がうるさいから、先生に怒られるから、仕方なしにやる。勉強をしないと、友だちと遊べないし、好きなゲームもできないから。そんな気持ちで勉強しているので、学んでいることも身につかないし、ますます勉強が嫌いになるのです。そして、受験勉強が終わると、「勉強なんか二度とするか」と、勉強からも卒業するのです。

そもそも、**ストレスを感じながら学習すると、記憶を司る脳内ワーキングメモリが低下して、学習効率が悪くなる**ことも明らかになっています。

僕の教室では、ゲームの中の夢中になる要素を活用した、**ゲーミフィケーション**を導入した授業づくりを大切にしています。親にムリやり連れられて英語を習い始めた子どもが、「早く英語のクラスに行きたい」と、英語が好きになっていくのです。

今回は、勉強をゲーム化させるテクニックを、５つ紹介しましょう。

①時間をはかる

宿題を始める前に「何分でできそう？」と、目標タイムを聞いてあげましょう。アナログ式のタイマーを目の前にセットしてスタート。このように数値化できる目標を決めて取り組むことがポイントです。

②小刻みにゴールを設定

たくさんある宿題を、子どもが取り組めるように小さく分解すれば、小さな達成感を何度も味わえます。

ページごとでも単元ごとでもＯＫ。小刻みに分解したら、それぞれにレベルを設定します。

たとえば、1～5ページができたらレベル1、6～10ページができたらレベル2、11～15ページができたらレベル3、最後の小テストがボス。

「今日は、どのレベルまでやってみる？」というように、ゲーム（ＲＰＧなど）をしているかのような、ストーリー性をつけてあげると効果的です。「来週までに、レベルを上げて力をつけて、ボスを倒すぞ！」という気持ちにさせるのです。

③競争する

誰か競う相手が目の前にいたら、やる気が高まる子もいます。

「洗濯をたたみ終わるのと、漢字ドリルをするの、どちらが早いか勝負しよう」

「今から買い物に行くけど、帰ってくるまでに宿題を終わらせられるかな？　難しいかなぁ？　どうだろう、やってみる？」

こんな感じで、男の子であれば少し挑発ぎみで声をかけてみましょう。

④すきま時間で勉強できる工夫
移動時間や待ち時間などのちょっとしたすきま時間は、集中できる絶好のタイミング。いつでも、どこでも、空いた時間にさっと勉強できる工夫をしましょう。

毎日の計算カードや英語の学習でよく使う単語カードなどがオススメです。

⑤できたことを可視化する
人間は、前に進んでいると感じた時にやる気が出てきます。これまでどれだけできたのか、ゴールまであとどれくらいかが、目に見えてわかるように工夫しましょう。

たとえば、宿題を19時までにできたらカレンダーにシールを貼ってあげる、スタンプを押してあげるなど。花丸をつけてあげても良いですね。とにかく、子どもが頑張ったことを、子ども自身も家族も確認できるようにする。そして、それを見て子どもに「いつも頑張っているね」と、頑張りを認めて褒めてあげてください。

「勉強しなさい」ではなく、勉強したくなる仕組みを子どもと一緒に考えましょう。

21 やり抜く子の親は、宿題をゲーム化する!

22 やり抜く子は現場に行って体験し、投げ出す子はYouTubeで満足する。

「知っている」で、終わってほしくない。

便利な世の中です。スマホで知りたい情報にアクセスできて、困ったことがあったらぜんぶネットやYouTubeが教えてくれます。なんでもわかった気になってしまっても仕方ありません。

以前にこんなことがありました。「地元和歌山が好きですか?」と子どもたちに聞いた時のことです。

目の前の20人の小学生の誰の手も挙がらない。「えっなんで? なんで、みんな和歌山が好きじゃないの?」と聞くと、「好きちゃう! だって遊ぶところないやろ。おもしろい店ないやろ。だから早く都会に行きたい〜」と言うのです。そこで僕が「和歌山のみかんは収穫量が全国一やで。すぐ近くにおもしろいおもちゃ屋さんあるし、商店街でイベントもやってるやん。加太《かだ》という自然にあふれたまちもあるし……」と言うと、「知ってるよ。YouTubeで見たことあるけど、たいしたことなかった。大人も和歌山はなんもないって言ってるし――」

ほとんどの子は、自分で確かめもせずに聞いた情報だけで、和歌山はおもしろくないと判断していたのです。

「知っている」と「わかっている」は、違います。

和歌山に「加太」があることは知っていても、さわやかな風を感じてきれいな海を見ながら温泉に浸かる幸せは知らない。和歌山のみかんが全国一だということは知っていても、みかん農家さんがどのような気持ちでみかんを育てているかわからない。台風から守るために24時間体制で命懸けで農園を守っていることを知らない。

だから、台風が近づいてきて警報が出たら、「イェ～イ、学校が休みや～」って手放しで喜べる。和歌山のみかん農家さんと会っていないから、想像できないのです。

この想像力が、社会で人とつながって生きていく上では不可欠です。

だから、僕は「知っている」で、終わってほしくない。

「和歌山はなんもないって言うけど、ほんまになんもないか確かめてみよう！」

これがきっかけで、子どもたちと〝和歌山のはたらくを知る本づくりプロジェクト〟が始まりました。教室を飛び出して、「おもしろいお店ないかなぁ」とまちを歩きます。興味を持ったお店があれば、お店に入ってインタビュー。

「なぜ梅屋さんを始めたんですか？」「おすすめの商品はなんですか？」「仕事をしてて良かったことはなんですか？」などと質問し、お店の人から聞いて感じたことを記事に書いて本にまとめました。その本には子どもたちの言葉が詰まっています。

「自転車屋さんの手が真っ黒でびっくりした。でも嫌だと思ったことは一度もないらしい」

「最後までスープを飲みほしておいしいって言ってくれること　それがラーメン屋さんの喜びだそうだ」

「仕事はしんどいものやと思ってたけど、まちの人はみんな笑ってた。だからきっとたのしいもんなんや」

「和歌山はなんもない」と言っていた子どもたち。「和歌山はなんもなくない！」がこの本のキャッチコピーに決まりました。実際に和歌山を歩いて、和歌山の人と交流することで、子どもたちの和歌山に対する想いが変わったようです。

知識として「知る」だけでは、心が動く出会いはありません。**やってみることで、本当にやりたいことが見つかる**のです。「こんなことを言ったら傷つくだろうな」と、**相手の立場を想像して行動できるようになる**のです。

だから、子どもが興味を持ったことがあれば、現場に連れて行きましょう。恐竜が好きであれば、恐竜博物館へ、サッカーが好きであればサッカーの試合へ。

画面を通して得られる以上の感動が味わえると思います。その感動がもっと「やりたい！」を育てていくのです。

22 やり抜く子の親は、実際に体験させる！

23 やり抜く子は親の先生になり、投げ出す子は親と学校のことを話さない。

さて、クイズです。

人は一度学習したことを、1日経つと、どれくらい忘れていると思いますか？

ドイツの心理学者エビングハウスの研究によると、なんと**1日で67%忘れる**そうです。

一夜漬けで勉強したことは、3日も経てば、どこへやらですね。個人差はあると思いますが、たくさん習い事に通っていても、学習方法を工夫しないと、すべて忘れてしまうかもしれません。それはもったいないですよね。

どうやったら学んだことを忘れないようにできるのでしょうか。

アメリカ国立訓練研究所が、学習方法と学習定着率の関係について研究しました。

その結果、学習方法による学習定着率が、「講義を受ける」5%、「読書する」10%、「視聴覚（動画、音声学習）で学ぶ」20%、「実演を見る」30%、「グループ討論する」50%、「自ら体験する」75%で、脳に定着させる学習法として最も効果が高かったのが「他の人に教える」90%でした。**人に教えることが一番記憶に残るようです**。

僕の教室でも、「人に教えることが人を育てる」という信念を大切にしています。

たとえば、バスケットボール教室では、高学年クラスのリーダーが低学年クラスの練習メニューの一部を担当します。

「どうやったらわかりやすく伝えられる?」「どうやったら1年生が、バスケが好きになる?」リーダーに問いを投げかけ、メニューを考えてもらって実際に指導してもらいます。

「自分ができる」ことと「他人に教えられる」ことは、まったく違います。それまでわかった気になっていたことも、わかっていなかったことに気づくのです。

そうなるとリーダーのレッスンの受け方が変わります。先生から教わったことを、どうやったら1年生にわかってもらえるかを、自分で考えながら受講するようになるのです。

そして3ヶ月も経てば、リーダーになった子は、みな驚くほど上達しています。

技術面だけではありません。自分の考えをわかりやすく伝える力も、ルールを守る力も、失敗してもあきらめない心も、です。なぜなら、「どうやったら上達するのか」「どうやったらシュートが入るようになるのか」を、**自分の言葉で説明できるから**です。

説明できるということは、いつでも再現できるということ。**「なんとなくできる」が、「こうやったらできる」になったのです**。だから試合で使えるスキルが身につくのです。

また、低学年の子どもたちに、「話を聞くのは大切だ」と自分の言葉で教えているので、みんなの前でルールを破ることはできませんよね。こうやって責任感を身につけていくのです。

ですので、僕の教室にお子さんを通わせている親御さんには、ご家庭で**「子どもの生徒になること」**をオススメしています。

方法は簡単。1日5分でも良いので、「今日はどんなことを学んだの？」「一番おもしろかったことは、何？　教えて、教えて」と、興味を持って聞いてみるだけ。

子どもは喜んで学校で学んだことや、塾で習ったことを教えてくれるでしょう。

これは親御さんから聞いたエピソードですが、英語教室に通ってくれている5歳の女の子が、その日にレッスンで学んだことを、家で先生の真似をしてレッスンをしてくれるそうです。身ぶり手ぶりまで先生とそっくりで、家族全員で笑ってしまったそうです（想像するだけでカワイイですね）。

親に話を聞いてもらえることが、子どもにとっては何よりもうれしいのです。

「ぼくが勉強したことを、興味を持って聞いてくれている。また明日も教えてあげよう」

と、学校や習い事の授業を集中して受けるようになります。どんなことを教えようかと**アウトプットする前提で話を聞いているので、自然に情報が整理されて頭にインプットされます**。だから、すぐに使える知識として記憶されていくのです。

高学年になると恥ずかしがる子もいるので、低学年のうちから、学んだことを家でアウトプットすることを習慣化させましょう。

たとえ知っていることでも、「おしえて、おしえて、しりたい、しりたい～」と演じてみるのがポイントです。

23 やり抜く子の親は、1日5分、子どもの生徒になる！

24 やり抜く子はまず真似をし、投げ出す子はオリジナルにこだわる。

これまで僕は、千人以上の子どもにバスケットボールを教えてきました。

その経験の中で、上達していく子どもには、ある共通点があることがわかりました。

それは、**見た動きをすぐに真似できること**。これを、僕は「センス」と定義しています。

スポーツに限らず、どの分野でも、「センス」がある子は、先生から教わったことをすぐに真似して、たくさんの技術を身につけていきます。

反対に、「センス」がない子は、上手くなるのに時間がかかります。子どもの時の僕は、間違いなく「センス」がありませんでした。教えられたことを無視して、人と違うことをやるということにこだわりすぎていたのです。


もちろん、人から言われたことを鵜呑みにせずに、自分で考えて行動することは大切です。しかしながら、物事を学ぶ時には、手順があります。その手順通りにやることで、上達のスピードが速くなり、「できた！」という成功体験によって、自信が高まっていくのです。

その手順が、昔から日本で大切にされている**「守破離」**です。


「守」→「破」→「離」この3つのプロセスで、新しい知識やスキルを効率的に習得できます。


最初は、「守」。**指導者の教えを忠実に守る段階**。自分の頭で考えるよりも、しっかり観察する。そして教わったことを反復練習して、型を身につけていきます。学ぶという言葉の語源は、「真似ぶ」。まずは、習ったことを真似ることから、学びが始まります。

次は、「破」。これは、**オリジナルを見つける段階**です。指導者から教わったことに取り組むだけでなく、何のためにやるのか、もっといい方法はないかと、自分で考えて、思いついたことを実験。そのトライアンドエラーの中で、自分らしい型を身につけていくのです。

最後は、「離」。**教えから離れてオリジナルを表現する段階**。指導者から独立して、学校や教室を飛び出して、社会でオリジナルを実践して、自分らしい表現を確立していきます。

どの分野においても成長が早い子は、「守破離」を実践しています。最初からオリジナルを追求したり、自分のやり方にこだわりすぎていた子は、なかなか上達しなかったり、途中で投げ出してしまうことが多いのです。新しいことを始める時は、まず真似ることが大切です。

とはいえ、やり始めたばかりの時期に、基礎ばかり練習させたり、「先生の言うことに文句を言わずに従え！」といったスタイルでは、みんなやめてしまいます。楽しくないと続かないのです。

ですので、僕の教室では、「守破離」というプロセスの前に、**「燃」**というステージを入れています。

「燃」とは、**やりたい気持ちに火をつける段階**です。「もっと上手くなりたい！」「もっと知りたい！」という好奇心がなければ、能力は身につきません。夢中になるから学べるのです。特に小学生以下のお子さんにとっては、最も大事なステージです。

今回は、すでに紹介したゲーミフィケーションに加えて、僕の教室で実践している、子どもを夢中にさせるテクニックを3つ紹介します。

①「できた」を伝える

小さなミッションを与え、達成した時に子どもと一緒に喜びを分かち合う。

「頑張っていたから、できたんだよ」「はじめてやった時よりも、できる技が増えたね」

と声をかけて、子どもに成長を実感させる。

②「ありがとう」を伝える

「ここに来てくれたこと」「話を聞いてくれたこと」「本気で取り組んでいること」など、どんな小さなことでもいいので、子どもに感謝を伝える。その子の行動と存在そのものを肯定するメッセージを、言葉とスキンシップで伝えていくのです。そうすることで、子どもが**安心できる居場所ができ、失敗を恐れず、新しいことにチャレンジできる**ようになります。

③なりたい自分が見つかる環境づくり

プロの試合をテレビで観たり、上の子と交流できる機会をつくり、「マイケル・ジョーダンみたいになりたい！」「あんなお兄ちゃんやお姉ちゃんになりたい！」という**ロールモデルが見つかる環境**をつくりましょう。

24 やり抜く子の親は、まずやりたい気持ちに火をつける！

25 やり抜く子はＧＢＨで振り返り、投げ出す子は振り返らない。

「やり抜く子」は、**必ず振り返りをします**。

問題を解いたら採点をして、間違えたところを復習。発表会が終わったら、すぐにビデオを見てパフォーマンスをチェック。試合が終わったら、仲間と意見を出し合って、次の試合の作戦を練る。「やり抜く子」は、全力を出し切る―テストする―振り返る、このサイクルを回すことで成長していきます。

成長するためには、客観的に自分を見ることが大切です。

全力を出し切った後に、それで満足しない。自分のパフォーマンスの良かったところと悪かったところを確認し、指導者からもアドバイスをもらいながら、次の練習メニューへの目標や作戦を決める。

このように、「振り返る」ことがなければ、自分の現状の実力がわからず、次に何に取り組めば良いかがわからないのです。

僕の教室では、小学1年生のうちから**「Good Better How（呼称グッドベターハウ、以降GBHと記載）」**を活用して、振り返る方法を教えています。

まずはノートを用意して、次のページの写真のように線を引いて文字を記入します。

ステップ1：目標を書く

取り組む前に、その日の目標を具体的に書きます。「シュートを30本打つ」「計算ドリルを2ページやる」など、目標に数字を入れると、振り返りやすいです。

ステップ2：G（Good）良かった点を記入

目標を踏まえた上で、その日の取り組みに対して、良かったと思うことを記入します。

結果だけではなく、どんな気持ちで取り組んだか、どんな行動ができたかという、準備やプロセス、取り組む姿勢も踏まえて考えると、良かったところが見つかりやすいです。

〈例〉新しい漢字を5個覚えた、試合が終了するまで全力でプレーできた、左手のドリ

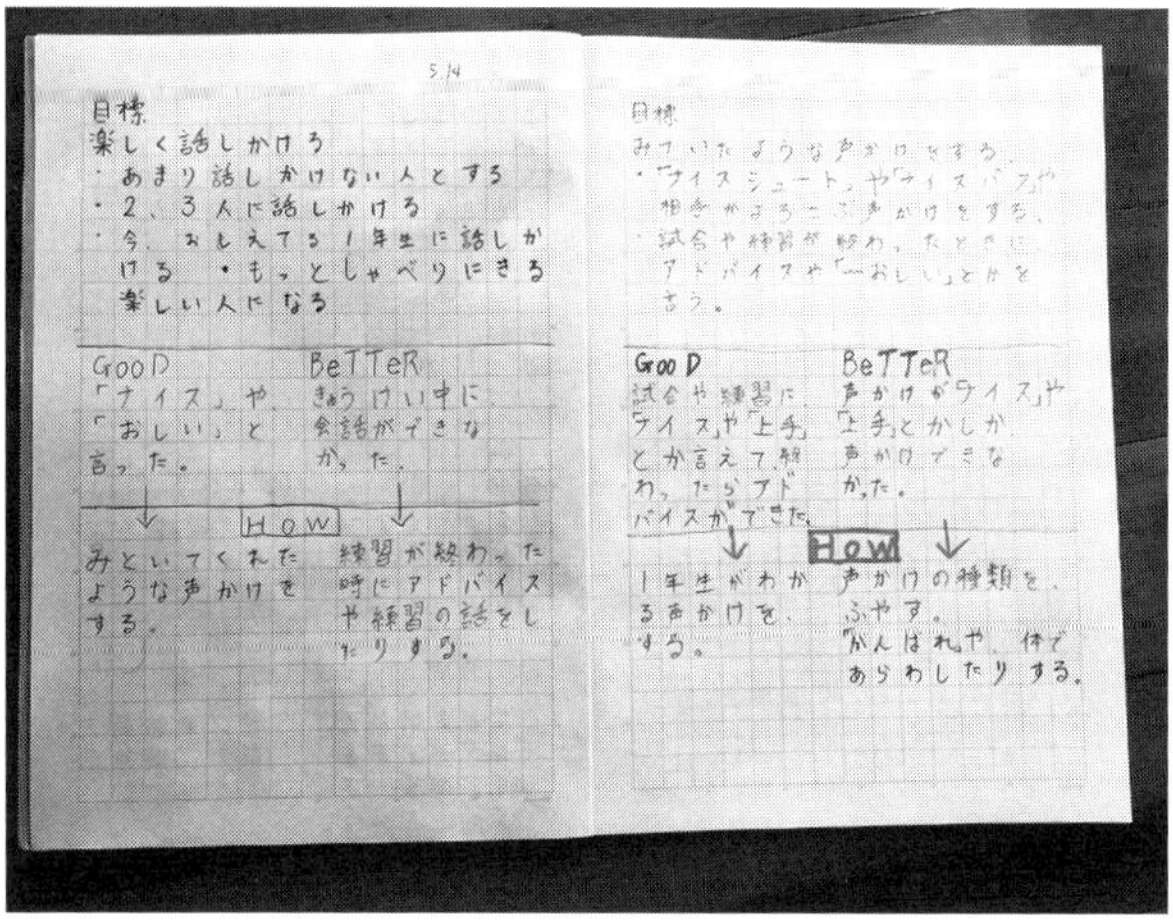

ブルを試合で使えた

ステップ3：B（Better）もっと良くなる点を記入

日本語で言えば、悪かった点になりますが、僕が学んでいたファーストティーではそのような表現を使わず、「もっと良くなるところはどこ？」と、子どもに問いかけていました。そうすることで、悪いところを知られるのがイヤという子も発言してくれました。**改善点＝成長できるチャンス**、という考え方です。

〈例〉左手のドリブルがスムーズにできなかった、英語の「R」の発音がわからない、新しい技を本番で試せなかった

ステップ4：H（How）どうやったらもっと良くなる？

一番下の欄は、良かったところ（G）を具体的にどうやって伸ばすか、成長できるチャンス（B）をどのように活かすかを、考えて記入します。ここに書いたことを、次回の勉強や練習で、新しいページの一番上の欄の目標に書きましょう。

〈例〉左手のドリブルを毎日30回練習する、「R」の発音をオーディオテープで毎日5分聞いて練習する、試合をイメージしながら練習でシュートを打つ

GBHは、学校だけでなく、職場でも、他のコミュニティーでも活用できるので、小学校の早い段階からお子さんに教えてみてください。

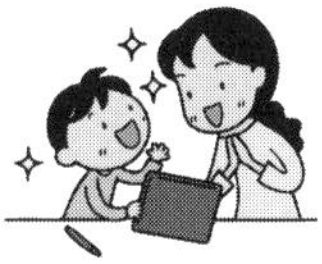

25 やり抜く子の親は、振り返りを促す！

26 やり抜く子は答えはたくさんあると考え、投げ出す子は答えは1つしかないと考える。

「どこの学校を受験したら良い？」「自分に向いている仕事は？」「どうしたら友だちと仲直りができる？」など、テスト以外で出される問題の答えはいつだって1つではありません。無数にある選択肢の中から、自分の頭で考えて、答えを出さなければならないのです。

「2011年に小学校に入学した子どもの65％は、今は存在していない職業に就くだろう」

デューク大学の研究者であるキャシー・デビッドソンが、ニューヨークタイムズ紙のインタビューでこのように語りました。

また、「AIやロボットによる自動化が進み、10年後には現在の半数近くの職業がなくなる」と、オックスフォード大学が発表した論文も話題に。

正解のある答えを導き出す力ではコンピューターに勝てる人間はいません。 いま正しいとされている正解をひたすら覚えたとしても、それが役に立つかどうかはわからない。

先生が話していることを書き写してそれを覚えているだけでは、これからの社会で仕事を見つけることは難しくなります。**自分で問題を見つけて、アイデアを考えて試行錯誤し、そのプロセスの中で自分が納得できる答えを導き出す力**が重要なのです。

今回は、自分で答えを導き出す力を育むために、ご家庭でできることを3つ紹介します。

①ジャッジしない、答えを教えない、疑問を大切にする

基本的に子どもの行動や発言に対して評価をしないという姿勢が大切です。大人が良いか悪いかを決めてしまうと、自分の頭で考えずに、大人が持っている正解を探し、言われたことしかできない子になってしまいます。

ですので、子どもが「なんで○○なの?」と聞いてきたら、軽く受け流さずに、「いいところに気づいたね」と、褒めてあげましょう。そして、自分の答えを伝える前に、「あなたはどう思うの?」と聞いてあげてください。どんな答えが返ってきても、否定しない。

子どもが考えてもわからなければ、**「一緒に調べてみようか」と疑問をそのままにせず調べる方法を教えてあげましょう。**

②哲学対話をする

「いい子ってなんだろう？」「幸せって何？」「友だちと仲良くするには？」このような正解のない問いを子どもと一緒に考えることで、問いを生み出す力、自分の頭で考える力、対話する力が育まれていきます。

始める前に、**「答えは1つじゃない」「いまわからなくても大丈夫」「考えは変わってもOK」**と伝えてあげましょう。そうすれば、子どもも気が楽になって、間違いを恐れず自由に意見を出してくれます。親も聞いているだけではなく、自分が本当に思っていることを伝えてＯＫです。親の意見を聞いて、子どもの考えもどんどん深くなっていきます。

哲学対話をするイベント（哲学カフェ）に参加してみるのもオススメです。

僕の教室でも、以前に親子哲学というイベントを開催し、親と子どもに「いい親って何？」というテーマで対話してもらったことがありました。親からは「おいしい料理をつくれること」「勉強を教えてあげること」などの意見が出ましたが、子どもからは「歌を聞いてくれること」「ゲームを買ってくれること」「いつも応援してくれること」など、予想していなかった答えが出てきて、家族の絆が深まったと、たいへんご好評をいただきました。

お互いのことを深く理解できるきっかけにもなるので、ぜひ親子で対話してみてください。フランスの哲学者オスカー・ブルニフィエさんの「こども哲学シリーズ」は、親子で一緒に読みながら哲学できるのでオススメです。

③偉人の伝記を本棚に置く

伝記はあらゆる時代のあらゆる国の人生が描かれています。

人生の成功は1つじゃない。いろいろな生き方があり、良いことばかりではなく、悪いことも起こる。自分を信じて仲間を信じて努力すれば、夢を叶えることができる。

そのようなことを、偉人の生き方に触れることで学ぶことができます。子ども部屋の本棚に偉人の伝記シリーズをさりげなく置いておきましょう。親がその本を楽しそうに読んでいたら、子どもも気になって手に取るはずです（親の本棚に置くのもありです。親がどんな本を読んでいるのかなぁって気になりますよね）。

26 やり抜く子の親は、答えを与えず、問いを与える！

27 やり抜く子は手を挙げて堂々と発表し、投げ出す子はほとんど手を挙げない。

授業参観では、モジモジして手を挙げようとしない。「この前家で一緒に勉強したことなんだから、発表したらいいのに」。

習い事でも、レッスンには楽しく取り組んでいて上達もしてきているのに、発表会や試合には出たがらない。「もっと積極的になってくれれば」と、悩んでいる親御さんも多いのではないでしょうか。

アウトプットすることは大切です。自分の言葉で伝えることで、学んだことが身についていき、間違いにも気づき、さらに成長していきます。また、自分がやりたいことや思っていることを伝えることで、気の合う仲間ができたり、困った時にチームとして助け合うことができます。**自分の意見を堂々と伝える力は、学習面でも人間関係の面でも、とても大切なライフスキル**です。

僕の学校では、自分の言葉で自分の意見を発表できる力を育むプレゼン教室をやっています。ただ一方的に自分が思っていることを伝えるだけではなく、相手に「いいね！」と言ってもらえることがゴールです。学校の授業では一言も話せなかった引っ込み思案な子が、この教室に通ってから意見を言うことが楽しくなって、学校でも習い事でも積極的に発表するようになったという声を、たくさんいただいています。

今回は、そのプレゼン教室でお伝えしている、自分の意見を発表できるようになるコツを、紹介したいと思います。

それは、**日頃から子どもの話に、「とは？」「なぜ？」「たとえば？」の3つの質問を投げかける**こと。これだけで、子どものプレゼン力はみるみる向上していきます。

「とは？」で、意見を明確にし、「なぜ？」で、納得できる理由を説明してもらい、「たとえば？」で、聞き手がイメージできるような具体例を示してもらう。

それでは、ちょっとやってみましょう。

子「〇〇ちゃん家のように、うちも動物を飼いたいよ～」

親「動物を飼いたいのね。動物**とは**、どんな動物？」（明確化）

子「犬がいいな～。プードルが欲しい」

親「プードルが好きなのね。**なぜ**プードルを飼いたいの？」（理由）

子「いっしょにたくさん遊べるから」

親「いっしょに遊べるっていうけど、**たとえば**、どんなふうに遊びたいの？」（具体例）

子「うーん……公園で走って競走したり、夏だったら一緒にプール入ったり」

親「だから、プードルを飼いたいのね。それじゃあもう一回、自分の言葉で、何が欲しいか、なんで欲しいか、たとえばどんなことができるかを、説明してもらっていい？」

という感じです。最後に、親と対話したことを子どもに最初から説明させるのも効果的です。対話したことを並べていくと、ビジネスでも活用されているわかりやすく伝える手法の「ＰＲＥＰ法」に沿ったプレゼンが完成します。

Ｐ（主張）：僕はプードルを飼いたいと思っています

Ｒ（理由）：なぜかというと、いっしょに遊べるからです

E（具体例）：たとえば公園で競走したり、夏に家のプールに一緒に入ったりできます

P（主張）：だから、プードルを飼いたいと思っています

慣れてきたら、**「でも？」**で意見を深めるために反論し、**「ではどうする？」**で、現実にするための手段を聞いても良いですね。さらに相手に伝わるプレゼンができるようになります。

（反論）：「でも、毎日、散歩に行くの大変じゃない？」

（手段の確認）：「犬が欲しいのはわかった。ではどうしたら飼ってもらえると思う？」

人前で間違えるのが恥ずかしいから発表できないという子も多いです。

「間違っても大丈夫だよ」というメッセージを発し続け、答えを急かさずに沈黙を歓迎して、ミスしても大丈夫だと思える、安心できる環境をつくりましょう。

27 やり抜く子の親は、「とは？」「なぜ？」「たとえば？」を投げかける！

第4章

目標達成 編

28 やり抜く子は夢や目標があり、投げ出す子はやりたいことがない。

「うちの子は、特に熱中できることがないんです。いつも部屋でゲームをしたりYouTubeばっかり観ていて、心配なんです……」

このような相談を受けることがあります。

子どもに、何か打ち込めるものを見つけてほしいという気持ちはよくわかります。

ただ、「将来の夢を持つべきだ！」とプレッシャーをかけると、「夢がない自分はダメなんだ」と、将来が不安になり焦ってしまいます。**夢や目標などのやりたいことは楽しんでいる体験の中で見つかる**ものなので、追い詰めると逆効果です。

「恐竜博士になりたい」

僕の教室のある生徒さんの、1年生の時の夢。6年生になっても、変わらず同じ夢を持ち続けていました。そういった大きな夢だけではなく、野球、ダンス、体操教室にも通い、それぞれ目標を持って毎日頑張っています。

「そんなにたくさんのことをやって、しんどくないの？」と聞くと、「全然しんどくないよ。だって楽しいことを目標にしてるもん」と笑顔で返されました。

夢や目標を持てば、毎日が輝きます。

やることが明確になるので、自分のエネルギーを一点に集中できて、最高のパフォーマンスを発揮できます。夢中なので、失敗を恐れず、新しいことにどんどん挑戦できるのです。そのプロセスの中で、新しい能力を身につけていきます。

もし、お子さんが毎日楽しくなさそうであれば、夢や目標を見つけるサポートをしてあげても良いと思います。

子どもがやりたいことを見つけるための親の関わり方を３つ紹介しましょう。

①いま取り組んでいることに目標を立てる

習い事、学校の勉強、友だちとの遊び、どんなことでもＯＫ。今やっていることの中で、少しでも興味を持てたり楽しいと感じることに、小さな目標を立てましょう。

「頑張ったらできた！」という成功体験が、自分を信じる力になり、あきらめずにやり続ける心を育てていきます。

②得意を見つける

自分に自信がなくて得意なことがないから、夢や目標がわからないという子も多いです。日頃から、子どもができていることや進歩したことをたくさん見つけて、言葉で伝えてあげてください。

「この前よりも逆上がりが上手になっているね」「○○ちゃんの説明はいつもわかりやすいね」「○○ちゃんは本をたくさん読んでいるね」

自分の得意なことが見つかれば、不安な気持ちがなくなって、「やってみよう」という気持ちが湧いてきます。 そして、やり続ければ、どんどん好きになって、新しい目標が自然に見つかるのです。

③一緒にやってみる

夢は体験から見つかります。ですので、とにかくやってみることが大切です。

ちょっと見てみる。ちょっと触ってみる。そんな五感を動かす体験の中で、やりたいことが見つかります。

しかし、新しいことをやってみるのはとても勇気がいること。失敗したくないし、恥をかきたくない、そんな不安な気持ちが邪魔をします。ですので、最初は親御さんもお子さんと一緒にやってみてください。**親が楽しそうにやっていることに、子どもはとても興味を持ちます**。「僕もやってみたい！」となるのです。

勝ち負けもなく、上手くできなくても責めない。そのような心も身体も安全な環境の中で、いろいろなことを一緒にやってみませんか。楽しい体験の中から、きっとやりたいことが見つかると思います。焦らず、一緒に楽しむ。これがポイントですね。

28 やり抜く子の親は、新しいことを一緒にやってみる！

29 やり抜く子は夢に期日をつけ、投げ出す子は期日をつけない。

「プロのサッカー選手になる！」「得点王になる！」「中学受験に合格する！」
口では大きなことを言うものの、まったく頑張っている様子がありません。テストを受けた後や試合の後は、「次はもっと頑張る！」とやる気はあるのですが、結局、その時だけで、行動に移さない。このようなことはありませんか？

夢を語るのは、とても気持ちが良いことです。やりたいことを宣言すると、力が湧いてきます。ただ、「投げ出す子」は、その目標に期日をつけたくないのです。なぜなら締め切りが決まると、動き出さないといけないから。できていない自分と向き合わないといけないし、決めたことができなかったらカッコ悪い。つまり、期日を決めないことで、失敗しなくて済むのです。

「やり抜く子」は、夢や目標に期日をつけます。

「足が速くなりたい」ではなく、「来週の木曜日までに、50メートル9秒1で走れるようになる」。「得点王になる」ではなく、「来週の試合で3点取る」。

このように「いつまでに」、「何をするのか」が明確になれば、今日何をしたら良いのかがわかります。何をしたら良いかがわかるから、行動できるのです。

子どもに目標に向かって全力で努力してほしいと願っているのであれば、夢に期日をつけることがスタートラインです。

今回は、夢に期日をつけるための親の関わり方を3つのステップで紹介します。

ステップ1　理由を聞く

子どもが夢や目標を口にした時に、理由を聞きましょう。「なんでプロの選手になりたいの？」「なんで足が速くなりたいの？」「なんで中学受験に合格したいの？」など。この理由が、「なんとなく」では、行動にはつながりにくいし、失敗した時に挫けてしまいます。もちろん、軽い気持ちで始めるのもＯＫ。やってみて気づくこともあります。しかし、目標があるのになかなか新しい行動ができていない場合は、**夢を叶える目的を最初に明確**

にすることが重要です。なんのためにそれをやりたいのか、です。

ステップ2　夢を物語にする

夢が叶ったらどんな世界になっているのか、どんな良いことがあるのか、それを想像できたら、ワクワクして、ますます夢を叶えたくなります。前に進みたくなるのです。「足が速くなったら、どんないいことがある？」「中学受験に合格したら、何がやりたい？」など、夢が叶った後の世界を聞いてみましょう。「中学受験に合格したら、ずっとやりたかったバスケットボール部に入って、そこで一生懸命練習して、試合でたくさん得点を取っている」このように、**子どもが目を輝かせながら、夢を叶えた後の世界を物語にして語れる**ようになれば最高ですね。

ステップ3　夢に期日をつける

夢を叶えたい理由が明確になり、夢を叶えることにワクワクしてきたら、夢に期日をつけるタイミングです。「いつまでにその夢を叶えるの？」「締め切りをいつにする？」と。「今月末までに、シュートが上手くなる」など、何をするかの部分がまだ曖昧であれば、

「具体的にどれくらいシュートが上手くなりたいの？」「今と比べてどうなっていたい？」と、**夢を具体化させること**が鍵です。

「4週間でフリースローシュートを、5本中4本決める」

このようになれば、合格です。そして、期日がついた夢を、紙に書いて見えるところに貼りましょう。ちょっと気合を入れて、筆で書いても良いかもしれませんね。お気に入りのステッカーを貼ってみるのも良いかもしれません。

この3つのステップが習慣化すれば、やりたいことが見つかった時に、自分で締め切りを決めて行動できるようになります。あとは、**始める日を決めること**も大切です。ここが決まらないと、スタートできない子もいます。期日が決まったら「いつから始める？」と、子どもに聞いてみてください。

29 やり抜く子の親は、夢に期日をつけさせる！

30 やり抜く子は現在地を知っていて、投げ出す子は現在地がわからない。

やりたいことが見つかった！　夢に期日をつけた！　これで準備は整いましたね。

さて、夢を叶えるために、最初にやることはなんでしょう？

次の話の中に、答えがあります。

あなたはジャングルで道に迷ってしまいました。宝が眠っている洞窟を目指して進みますが、それらしきものは見当たらない。

「どうしたらいい？」困り果てていたその時、ついに見つけました。ジャングルの「地図」です。これで、宝が眠っている洞窟とそこまでの行き方がわかる……はずなのですが、結局、あなたは宝を手に入れることができませんでした。その地図には○○が示されていなかったからです。それはなんでしょうか？

正解は……、「**現在地**」です。宝の場所はわかりましたが、いま自分がどこにいるのかがわからない。これでは地図は役に立ちません。ゴールがわかっても、夢が見つかっても、いまの実力がわからなければ、どこに進んだらいいのかわからないのです。

「投げ出す子」は、自分の現在地がわかりません。現在のスキルレベルや能力を知ろうとしないのです。

これまで何度もお伝えしているように、「投げ出す子」は、自己肯定感が低く、ダメな自分を知りたくない。自分の良いところは受け入れられますが、悪いところは見たくないし、見せたくないのです。だから、自分の実力がわかってしまうような機会を避けます。本気で取り組まなかったり、絶対に上手くいくことしかやらなかったり、スポーツの大会や発表会にも参加しようとしません。

「下手くその上級者への道のりは、己が下手さを知りて一歩目」

幅広い年代に愛される漫画『スラムダンク』に登場する安西先生が、バスケ初心者の桜木にシュートを教える時に伝えたアドバイスです。**自分の現在の実力を知ることで、目標**

までの道が見えてきます。

僕のバスケ教室では、大会の日程が決まったら、最初の練習でいきなり大会のリハーサルをします。大会の種目であるシュートゲーム、ドリブルレースなどの試合を、全員でやる。その時に、「今日はリハーサルだから、勝ったとか負けたとかは、気にしなくていい。とにかく自分の全力を出してほしい」と伝えています。全力でやれば、自分の得意なところや苦手なところがわかります。「ドリブルをしている時にボールを見てしまう」「左のシュートが苦手」「相手を抜くのは得意」など、現在地が見えてくるのです。リハーサルが終わったら、大会でプレーするチームごとに分かれて、ＧＢＨ（本書の25で紹介）で振り返り、次の練習で取り組む小さな目標を設定します。現在地を知ることで、一歩目が踏み出せるのです。何をしたらいいかがわかるから、行動できるのです。

ですので、やりたいことが見つかったら、子どもの現在地に気づかせてあげましょう。背伸びをしない等身大の実力です。

２年生の漢字を全部覚えたいのなら、いまどれくらい知っているかを確認する。好きな曲をピアノで弾けるようになりたいなら、実際に弾いてもらう。

とにかく、「まずは一回やってみよう！」です。

冒頭で紹介した宝地図の話を子どもにして、現在地を知ることの大切さを伝えてあげてください。**夢や目標が見つかって、現在地を知って、夢と現在地をつなぐ道をつくる。**そして、その道を毎日一歩一歩進んでいけば、目標を達成でき、夢が叶えられる。夢を叶えるまでのロードマップを、紙に書いて説明してあげると理解が深まります。

また、現在地を確認するのは、最初だけではなく、目標を達成するまでずっとです。どれくらい自分が夢に近づいているか、どれくらい進めたかを、いつでも確認できるようにしましょう。表を机の上に貼ったり、カレンダーに書いたりして、何かしら行動した証を記録することが大切です。目標に近づいている前進感が、次の行動のエネルギーになります。

30 やり抜く子の親は、現在地を気づかせる！

31 やり抜く子はベビーステップ、投げ出す子はゴジラステップ。

「目標は大きい方がいいの？　それとも小さい方がいい？」
もしお子さんにこう聞かれたら、なんと答えますか？

これには正解はありません。というより、子育てにおけるほとんどのことには、正しい答えはないと思います。

なんのために目標を立てるのか。

僕は、**やるべきことを明確にしてやる気を高めて、集中して取り組むために目標を立てます**。その観点で言えば、子どもが何をやるかがわかっていて、モチベーションを高く持って取り組めるのであれば、目標は大きくても小さくても良いと思います。

それを踏まえてお伝えすると、何事も長続きしない「投げ出す子」には、できる限り小さい目標を設定することをオススメしています。

これまでたくさんの子を見てきましたが、**期間を長くして大きな目標を与えるよりも、短い期間で小さな目標を与えた方が、努力を継続できる子が多い**と感じています。大きすぎる目標だと、「練習しても、ボクには無理」と、やる前からあきらめてしまう子もいます。目標を達成するための一番難しい壁は、なんと言っても、最初の一歩目です。そこでつまずいてしまえば、先に進めません。そうすると、成功体験を積めないのです。自分ならできるという自信がつかない。そういう意味でも、小さな目標からスタートすることをオススメしています。

小さな目標は、赤ちゃんでもできるという意味で、ベビーステップと呼ばれています。「やり抜く子」は、何事もこのベビーステップで取り組みます。毎日、絶対にできる目標を立てて、それを確実に達成する。自分がやると決めたことをやる。これが大事なのです。

自分との約束を守り続けることで、自分のことを信じられるようになります。「自分ならできる」という自信が高まり、さらに大きな目標を立てることができる。最初は小さな一歩でも、**続けることで大きな力を生む**のです。

5センチの小さなドミノが、エベレストと同じ大きさのドミノを倒せるなんて想像できますか？

書籍『ワン・シング』で、おもしろいドミノ倒しの実験の話が紹介されていました。5センチのドミノが1.5倍のドミノを倒していくことによって、想像上では10番目のドミノでは2メートル、23番目はエッフェル塔と同じ大きさ、31番目には世界一の山であるエベレストよりも大きいドミノを倒せるようになるとのことでした。5センチのドミノが、世界一のエベレストを倒す力を生むのです。

目標はあるけど行動できないというお子さんには、できるだけ小さい目標を与えてください。ポイントは3つです。

①期間を短く　②100%達成できること　③自分で決める

「今から1時間で本を何ページ読めそう？」「今日のサッカーのレッスンでは、何本シュートを打てそう？」と問いかけて、一緒に小さな目標を立てましょう。問題を1問だけ解くのでもいいし、1分だけ練習するのでもいい。どれだけたくさん自分との約束を守れたかが、やり抜く力を生み出します。

「大きい夢を持ってはいけないの？」

もちろん、そんなわけではありません。ただ、ゴジラサイズの大きな目標でも、その子の口に入るぐらい、小さく小さく分解してあげましょう。

「1年後に10キロ走れるようになる」という目標であれば（現在の実力は1キロ）、紙を出して現在地とゴールを線で結んであげて、小さなマイルストーンをたくさんつけていきます。**ゴールから逆算して、それぞれのポイントの目標を一緒に立てていく**のです。

「10ヶ月後は何キロ走れるようにする？　半年後は？　3ヶ月後は？　今月は？　今週は？　そして、今日は？」という感じです。

そうすることで、やるべきことが明確になり、最初の一歩を踏み出しやすくなります。

千里の道も一歩から。**まずは小さなドミノを倒すこと**。次は、それよりもほんの少し大きなドミノを。人生はその繰り返しです。

31 やり抜く子の親は、小さなドミノ（目標）を与える！

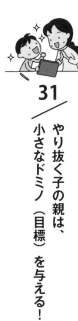

32 やり抜く子は夢中になり、投げ出す子は努力する。

〝夢中になる、だから学べる〞

これが、僕のスクールのコンセプト。

夢中になっているその瞬間に、子どもたちはたくさんのことを学びます。夢中になれば怖いものなんて何もない。やったことがないことでも、挑戦できる。楽しいから、頑張れる。もっと知りたいから、学びたくなる。失敗しても、「もう一回やってみよう」と思える。いつもなら勇気がいることでも、大好きなことなら一歩前に踏み出せる。

そんな夢中になれる学びの場を提供することが、最大のミッションです。

「やり抜く子」は、夢中になる達人です。「やりたい！」と心が動いた瞬間に、スイッチオン。もう誰にも止められません。誰の声も届かない。自分の世界に没入。ただその一点に、その子のすべてが注がれる。最高の集中状態です。頭を動かし、体を動かし、心を動かし、なんだかとっても楽しそう。どれだけやっても疲れた様子はなく、「明日もこれやりたい」と言う始末。周りから見たら、何がそんなに楽しいのかわかりませんが、その子にとっては意味があるのです。

「やり抜く子」は、**内発的動機**が原動力になっています。

内発的動機とは、やってみたいという自分の内側から来る好奇心です。虫を追いかけたり、お絵かきに没頭したり、立体パズルを何時間もやったり。誰かに褒められなくても、ごほうびがなくても、やっていることが楽しいからやる。

「投げ出す子」は、**外発的動機**で動いています。外発的動機とは、ごほうびを得ることや罰を避けることを目的にしたやる気です。

「受験に合格するために勉強する」「昇級したいから練習する」「パパに怒られたくないからピアノ教室に通う」など、努力をして物事を成し遂げるタイプです。

多かれ少なかれ、誰もが外発的動機を持っていると思いますが、これが強くなりすぎると、やっていること自体の楽しさが消えてしまいます。

「ごほうびがもらえないならやらない」「誰も見ていないから練習しない」「受験に合格

したから勉強しない」など、**ごほうびを目当てに行動していると、自分の内側から湧き起こるやる気がなくなっていく**のです。だからこそ、子どもの内発的なやる気を高めてあげることが、最後までやり続けるカギになります。

心理学者のチクセントミハイが提唱する、フロー理論の中で、ご家庭でできる子どもの内側からのやる気を高める方法を３つ紹介します。「やりたい気持ち」に火をつけて、夢中にさせるメソッドです。

①不快をシャットアウトする

不安なことや心配事があると、集中できません。何か不安そうな顔をしていたら、その不安を受け止め、言語化してあげましょう。**不安は言葉にしたら、小さくなっていきます**。正体がわからないから、大きくふくらんでいくのです。「何か気になっていることがある？」「友だちに演奏を聞かれるのが恥ずかしいの？」と問いかけて、不安を頭の外に出してあげましょう。また、場所を変えたり、マンガやＴＶなど気を散らすものを取り除いて、**落ち着いて取り組める環境をつくること**も大切です。

②子どもに適した難易度を設定する

子どもに合わせて、難しすぎず、易しすぎない、ちょうどいいレベルの難易度を設定しましょう。最初の一歩が難しすぎるとスタートできないので、まずは100%達成できる小さなゴールから始めるのが望ましいです。なんにせよ、子どもと相談しながら進めていくのが良いですね。

③親が夢中になる

親が自分の人生に夢中になる。これが一番大事です。子どもの周りにいる大人が、他人の日を気にして、自分の気持ちを押し殺して、自分を犠牲にして、我慢して、心からやりたいことに情熱を注いでいなかったら、同じように子どももやりたいことを我慢し、自分から進んで行動しなくなります。子どもの時に、ブランコに乗るのに理由はありませんでした。乗りたいから乗る。やりたいからやる。ただそれだけ。そんな感覚を、大人が日常に少しでも取り戻していけば、子どもも自分の気持ちを大切にできるようになるでしょう。

32 やり抜く子の親は、夢中になって生きている！

33

やり抜く子はミッションを持ち、投げ出す子はやらされ感を持つ。

お子さんには、ミッションはありますか?

ミッションが、子どものやり抜く力と幸福度に大きく影響します。

次の文章は、三人のレンガ職人の寓話です。

ミッションの重要さを、おわかりいただけると思います。

旅人が三人のレンガ職人に出会い、「何をしているんですか?」と問いかけます。

一人目は、「親方の命令で積んでるんだよ。こんな仕事はもうイヤだ」

二人目は、「壁を作っているんだ。大変だけど、金を稼ぐためにやっているのさ」

三人目は、「後世に残る〝大聖堂〟を造っているんだよ。完成すれば多くの信者のより所になるだろう。この仕事に就けて本当に光栄だ」と、答えました。

同じことでも、文句を言いながらイヤイヤやる人もいれば、誇りを持ってやる人もいる。三人目のレンガ職人は、ミッションを持っていました。ミッションとは、**目標の先にある目的**です。何のために目標を達成するのか、です。たとえば、中学受験に合格するという目標があったとして、中学受験に合格して何をしたいのか、これがミッションです。

「投げ出す子」は、ミッションを持っていません。

「医者になりたい」「ケーキ屋さんになる」「プロの野球選手になる」そのような夢や目標はありますが、「なんでそれがしたいの？」「プロになってどうするの？」と聞いても、自分の言葉で答えられません。一人目のレンガ職人のように、レンガを積んだ後の世界を、想像できていないのです。

たとえやりたい気持ちで始めたことでも、イヤなことがあったり、苦しいことがあったら、めんどくさくなってきます。そして、「なんで自分がやらなきゃいけないんだ」と、やめてしまう。

ミッションを持てば、毎日が楽しくなり、「やらなければならないこと」が「やりたいこと」になり、自分が決めたことをやり続けることができます。

どうしたら、子どもがミッションを持って取り組めるようになるのでしょうか。

とても簡単で、効果的な質問があります。それは、「**それを続けると、どんないいことがある？**」です。

子どもが何かやりたいことを見つけたり、一生懸命に頑張っている姿を見たら、「今日も頑張ってるね。それをやったら、どんないいことがあるの？」と、問いかけてみてください。子どもが話し始めたら、「それで、それで？」とあいづちを打って前のめりで聞いて、**目標を達成した先の世界を想像させる**のです。

親「今日も塾の宿題頑張ってるね。その勉強を続けたら、**どんないいことがあるの？**」
子「テストでいい点数を取れて、行きたい中学に合格できる」
親「その中学に合格したら、**どんないいことがあるの？**」
子「野球が強くて有名だから、そこでいっぱい練習したら甲子園に行ける」
親「甲子園に行きたいんだね。甲子園に行けたら、その後、**どんないいことがあるの？**」
子「プロ野球選手になれる」
このような形で子どもの意見を聞き出せたら、「〇〇ちゃんは、将来プロ野球選手になりたいと思っているんだね。そのためには野球が強い学校に行って甲子園に行くことが大切だと思っていて、だから、いま一生懸命やりたいことを我慢して勉強してるんだね」と、要約して伝えてあげると、ミッションが子どもの中で明確になります。今やっている勉強と将来やりたいプロ野球選手が一本の線につながるのです。目標を達成した先の世界が見えているから、失敗してもつらいことがあっても、あきらめずに頑張ることができるのです。

また、日頃から親が仕事の話をしてあげるのも、ミッションの大切さを理解するのに効果的です。仕事の内容だけではなく、**なんのために働いているのか、仕事を通じて誰のどんな役に立てているのかを、目を輝かせて伝えてあげてください。**

33 やり抜く子の親は、「どんないいことがある?」と問いかける！

34 やり抜く子はMIPを目指し、投げ出す子はMVPを目指す。

「今日は、誰が勝ったの？　何位だった？」

スポーツの試合が終わった後に、真っ先に結果を聞く親御さんをよく見かけます。そのような声かけをし続けると、「投げ出す子」になってしまう可能性があります。試合後の親の対応が、子どもの将来に大きく影響するのです。

親の期待がどこにあるかを、子どもは見えない角度からいつも観察しています。

試合の結果や獲得したスコアを最初に聞いてしまうと、「結果が一番大事！」というマインドが子どもに根付きます。「ミスをして仲間に嫌われたくない」「負けたら親に喜んでもらえない」というネガティブな不安や恐怖心が出てくるのです。

そのような状態では、いつも通りのパフォーマンスを本番で発揮できないし、結果を出すために見えないところでルールを破るようになることもあります。

「やり抜く子」は、ＭＩＰを目指します。ＭＩＰとは、Most Improved Performer の略で、最も成長した人が選ばれる賞です。ライバルは、過去の自分。以前の自分と比べてどれだけ成長したかが評価基準。しかも、評価するのは自分です。

それに比べて、ＭＶＰは最も優秀なパフォーマンスを出した人に贈られる賞です。

ＭＶＰという誰かとの競争を手放せば、他人や環境に振り回されず、自分が本来やるべきことに集中でき、最高のパフォーマンスを発揮できるようになります。


オリンピックで活躍するスポーツ選手には、1つの共通点があります。

それは、**自分がコントロールできることに集中する**ということ。

結果はコントロールできますか？　たとえ自分が練習通りの力を出すことができたとしても、相手に勝てるかどうかはわかりません。

天候はどうでしょう？　審判のジャッジは？　ミスは変えられますか？

自分の力ではどうにもならないことを考えても、本当にどうにもなりません。そして、本来やるべきことに集中できなくなります。

一流のスポーツ選手は、競技中に想定外のことが起きたとしても、瞬時に「**自分でコン**

トロールできるかどうか」を判断し、自分のやるべき動作に集中できるようにマインドを整えているのです。

また、努力をしても成果が出ない状態が続くと、「自分はダメなんだ」という無力感が育っていき、前に踏み出す勇気がなくなっていきます（心理学では学習性無力感と呼ばれています）。「何をやってもダメ」と脳にプログラミングされて、何事も自動的にあきらめて、努力すらしなくなるのです。

環境に左右されず最高のパフォーマンスを発揮するためには、**自分の意志と行動でコントロールできることにフォーカスすること**が大切です。

【コントロールできる】	【コントロールできない】
寝坊しないようにタイマーをセット	寝坊して遅刻してしまったこと
テスト当日までの勉強量	テストの内容やテスト終了後の結果
好きな子にやさしくする	好きな子からチョコがもらえる
試合で勝つための練習メニュー	試合に勝つ
生徒会長の選挙で誰に投票するか	学校のルール

親としては、**子どもがコントロールできる過去の子どもとの比較や、プロセスや準備に対する声かけ**をしていきましょう。

〈例〉試合後
「今日の試合で、どんなことを学んだ？」「練習していたことができた？」「前回の試合と比べてどうだった？」「次の試合までに、どんな練習をしたい？」

勝つためには、勝ち負けを忘れることが大原則。**自己ベストを出すことにこだわり続けることが、人間としての成長につながり、結果として勝利をもたらします**。自分の価値を決めるのはスコアボードやトロフィーの数ではなく、「**失敗から学ぶ姿勢**」、「**成長するための努力**」、「**最高をつくるための準備**」です。他の子と比べず、結果だけではなくプロセスに目を向けて関わっていきましょう。

34 やり抜く子の親は、子どもがコントロールできることを褒める！

35

やり抜く子は新しいことに挑戦し、投げ出す子は新しいことはやらない。

「投げ出す子」は、新しいことに対して抵抗します。やってみたいという好奇心よりも、失敗したらどうしようという不安が強く、どうしても一歩踏み出せません。絶対に上手くいくと思えることしかやろうとしない。とにかく変わりたくないのです。

上手くいくとわかっていることだけをしていると、安心するかもしれません。しかし、ずっとぬるま湯に浸かっていると、成長できません。

成長するためには、「**コンフォートゾーン**」と呼ばれる〝ぬるま湯〟から飛び出すことが鍵になります。コンフォートゾーンとは、文字通り「居心地の良い場所」。いま持っている知識や経験が通用する領域です。できるようになったダンスの振付を踊る、知っている友だちと鬼ごっこをするなど、失敗する不安や恐れがなく、自宅にいるようにリラックスして行動できることが、コンフォートゾーンにあたります。

そこから一歩踏み出すと、「**グロースゾーン**」が広がっています。これまでの知識や経験が通用しない領域。まさに、チャレンジです。新しいダンスの振付を踊る、初めての公園で遊ぶ、知らない友だちと鬼ごっこをするなど、いつもとは違う新しい環境だったり、新しい行動が求められたりします。やったことがないことなので、不安やストレスで負荷がかかります。しかし、筋肉トレーニングと同じで、**負荷をかけることで、人間の心も身体も成長する**のです。子どもがコンフォートゾーンからグロースゾーンへ踏み出すサポートをしてあげましょう。

そのための３つの方法を紹介します。

①失敗の許可を与える

新しいことをする時は、いつも子どもにこう伝えています。

「今までと違ってちょっと難しいことをするよ。たぶん、はじめは失敗すると思う。**でも、失敗しても怒らないし、間違えてもいいよ**。テレビゲームと同じように、失敗してもどこも痛くない。何度でもやり直しができる。だから、まず一回だけやってみよう」

失敗することがあたりまえで、間違えても怒られない、そのような気持ちになれば、一歩目が踏み出しやすくなります。

年長の時に僕が伝えた「間違えてもいいよ」という言葉を、5年生になってもずっと覚えていた子がいました。「え！　間違えてもいいの！」と、衝撃だったようで、この言葉を聞いてから、新しいことに積極的に挑戦できるようになったそうです。

失敗の許可を与える。そして、子どもが失敗したら、「ほら、僕が言った通り、失敗したでしょ。ナイスチャレンジ！」とさらっと伝える感じですね。

②見本を見せる

身近な人の成功しているシーンを見ると、「やればできるかも！」という自信が高まります。子どもの友だちや少し年上の子に、見本を見せてもらいましょう。親がやってみせても良いですね。また、間近でプロのパフォーマンスを鑑賞することも、「○○さんみたいになりたい」というロールモデルが見つかるのでオススメです。

③無理矢理やらせない

グロースゾーンを一歩外に踏み出すと、そこには「パニックゾーン」があります。ここに入ってしまうと、極度の不安におそわれて混乱状態に。「もう二度とやりたくない」とトラウマになってしまい、コンフォートゾーンから出られなくなります。挑戦するのが怖くなるのです。

パニックゾーンに入らないようにするためには、「**やるかどうかは本人が決める**」という、チャレンジバイチョイスという考え方を採用しましょう。

僕は不安そうな子どもがいたら、「別に無理してやらなくてもいいからね。見ているだけでも、頭の中で勉強しているから。それだけで十分だよ。やりたくなったらやってごらん」と伝えて、強制しません。やらないことを選択したとしても、安心できる居場所がある状態をつくった上で、子どもにやるかやらないかを、決めてもらうようにしています。

やる前に不安に感じている子がいたら、「ミスしたらどうしようって心配しているのかな？」と声をかけて子どもの気持ちを受け止めてあげて、一歩前に踏み出すのを応援してあげましょう（踏み出さなくてもOKの気持ちで）。

35 やり抜く子の親は、失敗を歓迎する！

36 やり抜く子は得意を伸ばし、投げ出す子は苦手を克服しようとする。

「字はきれいに書かないといけません！　ダンスも笑顔で元気よく踊らないといけません！　算数も100点を取らないといけません！」

時々、このような親御さんを見かけます。

子どもができていることよりも、できていないことに注目。子どもが困らないように、苦手なことを一つでもなくしてあげたい。なんでもできるようになってほしい。そのような思いから、たくさんの習い事に通わせたり、子どもにつきっきりで勉強を指導しています。

子どもにいろいろなことを経験させて、興味や関心を広げることは大切です。できなかったことができるようになると自信にもつながるでしょう。

ただ、強制的に苦手なことばかりやらせてしまうと、やる気も自信もなくなり、能力も身につきません。完璧を求めすぎると、子どもの個性がつぶされてしまい、どれも平均的で、その子にしかない強みが育たないのです。

「子どもに好きなことばかりやらせていていいのか？ 得意なことばかりやっていては、大人になった時に苦労するのではないか？」そのように心配されている親御さんの気持ちもわかります。「得意を伸ばす」か「苦手を克服する」かは、大人でも難しい問題ですよね。

ただ、僕の教室では、基本的に「得意を伸ばす」ことをオススメしています。２つの理由があります。

①内発的なやる気が高まる

本書の32でもお伝えした通り、高い集中力を持って継続して取り組むためには、**「やりたい」という好奇心を引き出すこと**が大切です。内発的なやる気です。得意なことなら、ストレスもなく始められて、「できた」という達成感が得られやすいのです。その達成感が、「もっとできるようになりたい」という気持ちに火をつけます。そうすると、得意なことが好きになって、好きだからもっとやりたくなり、やれば得意になって、さらに好きになる、そんな好循環の成長ループに入ります。**得意が好きに、好きが得意に。**

②他の分野にも応用できる

一芸は百芸に通ずる、ということわざもあるように、**一つのことを突き詰めたら、他のジャンルにも応用できます**。ダンスで培った表現力が授業で自分の意見を発表する時にも活かせるし、字を書く時の集中力は他の勉強でも活かせます。また、一つの分野を極めることで、初心者から名人級にレベルアップするまでの道を体験でき、他のことでもその道と同じ手順をたどれば、何を始めても上達が速いです。一見、将来の仕事につながらなそうなことでも、得意を極めることで学んだことは、どのジャンルでも活かすことができるのです。

また、得意なことを磨いていった先には、必ず苦手なことにぶち当たります。その時に、苦手なことに向き合えばいいのです。いきなり苦手なことをイヤイヤやらされるよりも、好きになった時点でワクワクしながら取り組む方が、克服できるスピードが速いです。

僕のバスケットボール教室の中でも、スキルレベルが一番高いクラスでは、どれだけ地味な練習でも自分が苦手なことでも、自分から進んで楽しみながら取り組みます。

それは、「もっと上手くなりたい」という気持ちがあるからです。これと同じことを、

1年生にやってしまったらどうでしょう。みんなやめてしまい、教室がつぶれてしまうでしょう。

もちろん、苦手なことを克服することで、安心して一歩前に踏み出せるようになったり、いろいろなことが〝ちょっと〟できることで、学校で苦手意識を持たずに取り組めたりするという良い面もあります。が、何事も続かないという「投げ出す子」には、得意を伸ばすアプローチが断然オススメです。

子どもの気持ちを尊重しながら、ちょっと得意なことや、好きなことから取りかからせてみましょう。

36 やり抜く子の親は、得意なことで自信をつけさせる！

第5章

対人関係 編

37

やり抜く子はひとりぼっちでも気にせず、投げ出す子は輪の中に入れずモジモジ。

「新しいクラスになじめたかな？」「友だちと仲良く遊べてるかな？」と、子どもの友だちとの関係や集団の中での関わりが気になっている親御さんも多いようです。

公園で他の子が楽しそうに遊んでいるのに、なかなか輪に入れない子どもを見たら、「自分から声をかければいいのに」と望んでしまうもの。「『いっしょに遊ぼ』って言ってみたら？」とすすめるものの、ずっとモジモジ。恥ずかしいようです。親としてどのようにサポートしたらいいか悩みますよね。

まず最初にお伝えしたいことは、**「輪の中に入れない＝発達が遅れている」ではない**ということです。大勢でワイワイするのが好きな子もいれば、一人でモクモクと遊ぶのが好きな子もいる。体を動かして走り回るのが好きな子もいれば、頭を使ったボードゲームで遊ぶのが好きな子もいる。

子どもそれぞれの「楽しい」ポイントが違うので、本に書いてあるような発達段階通りに進んでいなかったとしても気にしない。これが大事です。

「こうあるべき」という枠にあてはめて、子どもを焦らせたり、親が心配しすぎると、子どもの主体性がつぶれてしまいます。自分が「楽しい」と思うことではなく、親の顔色をうかがうようになり、自分で考えて行動する力が育まれていきません。

また、親の期待に応えられず、友だちと上手に遊べないことに自信をなくし、ますます人と関わることを恐れるようになっていくのです。

僕の教室にいる「やり抜く子」も、遊び方は人それぞれ。誰とでもすぐに仲良くなって大勢で遊ぶ子もいますが、一人でひたすらパズルで遊んでいる子も。他の子が楽しそうに遊んでいることを、まったく気にしている様子はありません。「やったー！　クリアした！」と自分のペースで楽しそうに過ごしているのです。

集団生活の中で友だちと仲良く遊べるか心配になる気持ちもわかりますが、**好きなことが見つかれば、そこから自然に友だちと関われるようになってくるもの**です。

好きなことを見つけるためには、**子どもが「楽しい」と感じることを、子どものペースで思う存分すること**、これに尽きます。「仲良くしなければ」という恐れがあると、楽しいことは見つかりません。子どもが困っている様子がなければ、急かすことなく、優しく見守ってあげましょう。

ただ、友だちと遊びたいのにどうしたらいいかわからないと悩んでいる子もいます。その時は、親としてサポートしてあげましょう。どのようにサポートするのかという点で3つの方法を紹介します。

①「一人遊びでもいいんだよ」と伝える

「みんなで仲良く遊びましょう」という学校での教えや親の期待が、子どもを不安にさせていることもあります。ですので、不安そうな子には、「**一人で遊ぶのは悪いことではないよ**」「**いっしょに遊びたくなったら言ってね**」と伝えてあげると、安心する子もいます。

②あいさつから始める

遊んでいる子に「入れて！」と声をかけるのはハードルが高いので、まずはあいさつをすることから始めてみましょう。あいさつをして自分の心を開くことで、友だちとも話しやすくなるし、仲良くなれる。あいさつは、「あなたと話したい」というサインなのです。あいさつが苦手な子は、親と一緒にあいさつすることからやってみても良いですね。

③親と一緒に輪に入る

どうやって声をかけたらいいかわからない子もいるので、親が「〇〇ちゃん、砂でお城を作っているのかなぁ。一緒にやっていい？」と見本を見せてあげるのが効果的です。年上の子（特に女の子）が、やさしく面倒を見てくれるのでオススメです。輪の中でいっしょに遊びながら、少しずつ親がその場を離れていく。完全に輪の外に出ても、最初のうちはそばにいてあげてください。何かあったら戻れる場所があることで、子どもは安心して友だちと遊べます。

37 やり抜く子の親は、一人遊びでもいいと伝え、見守る！

38

やり抜く子は嫌われてもいい、投げ出す子は嫌われたくない。

「いつも点数ばかり気にしてる。周りの表情を見て、みんなが期待する僕をつくってる。こんな自分から卒業したい」

25歳の時に書いた僕の日記です。

「投げ出す子」は、みんなに好かれようとします。いわゆる八方美人の優等生。人に喜んでもらえることを率先してやります。大人からは「よく気がつくね」と褒められ、〝友だち〟もたくさんいるようです。

その反面、周りの空気を読みすぎて、言いたいことが言えなかったり、やりたいことを我慢することも。友だちに言われたことがずっと気になって、何も手がつけられない。

「嫌われていないかなぁ」「悪口を言われていないかなぁ」と、いつもビクビク。「どうしたいの？」と聞いても、黙ってしまって本人もどうしたいかがわからない。

特に大きな問題を起こすことはありませんが、子どもが何を考えているかわからない。そのように思うことはありませんか？

そもそも、みんなと仲良くしなければならないのでしょうか？

ギスギスした関係よりは、わきあいあいで楽しい関係が良いかもしれません。

ただ、「仲良くしなければならない。さもなければ怒られる」となってしまうと、子どもは苦しくなります。いつも背伸びをして、気を配って、燃え尽きてしまうことも。

だから、ムリやり嫌いなものを好きになったり、自分の気持ちをごまかして表面だけ仲の良い関係をつくるのではなく、**好き嫌いがあることを認めた上で、お互いに心地よく過ごせる関係をつくること**が大切です。みんなと仲良くはしなくていい。嫌いなものは嫌いでもいい。ただ、お互いそれぞれの気持ちを大切にしようね、ということです。そちらの方がより現実の社会に近いのではないかと、僕は考えています。

そのためには、**本音を言うことも大切だし、衝突を避けてはいけない。**

僕の教室には、「みんな仲良く」という約束はありません。その代わりに、「みんなが楽しく学べる教室」をつくるために、３つのルールを採用しています。

①みんなと同じでなくていい

人それぞれ考え方や意見が違うから、楽しいことが生まれるし、成長できるのです。鬼ごっこという遊びも、「鬼が増えたらおもしろくない？」「タッチされたら氷のように止まるのはどう？」と、いろいろなアイデアが出てきたから、鬼ごっこがさらに進化しました。

誰かに反対の意見を言われたり、周りの人と違う意見を持つことは、**みんなが成長するための学びになり、おもしろいものを発明するチャンス**です。だから、みんなと同じ意見でなくてもいい、反対意見を考えることも大事だよ、と子どもたちに伝えています。

②反対意見は手を挙げて言う

誰かの意見に賛成できなければ、「それは間違ってるわ！」「変なこと言うな、ボケー！」と途中で口をはさんでバカにしたり、その子のいないところで悪口を言うのではなく、その場で手を挙げて発表する。「なんとなく」反対なのではなく、**何が反対なのか、どうし**

て間違っていると思うのか、みんなが納得できる理由を伝えてもらいます。

③多数決はしない

人数が多い側の意見が、いつだって正しいとは限りません。むしろ正しいかどうかよりも、いろいろな意見を知ることが学びになります。

たとえ一人だけが反対の意見でも、みんなでその意見に耳を傾けます。反対している子にはその理由を話してもらい、賛成の子には自分の意見を伝えてもらいます。話し合いの中で、意見が変わってもオッケー。意見が変わることは成長の証。大歓迎です。

時間はかかりますが、こういうプロセスの中で、相手の気持ちを大切にしながら自分の意見を伝える力が育まれていきます。

相手を傷つけない、自分も我慢しない。そんな人間関係のつくり方を学んでいくのです。

38 やり抜く子の親は、「みんな仲良く」を、押しつけない！

39 やり抜く子はまず話を聞き、投げ出す子は話を聞かない。

「ママの話を聞きなさい！」

何度注意しても、言うことを聞いてくれない。話の途中なのに、「わかった」と言って席を立って行ってしまう。そのようなことはありませんか？

「投げ出す子」は、自分が話をするのは好きですが、人の話を聞こうとしません。言われていることを理解しないまま行動し、上手くできずに、「何度言ったらわかるの！」と怒られることもしばしば。行動しても失敗してばかりで、自信をなくして、途中でやめてしまいます。

一方、「やり抜く子」は、相手の話をしっかりと聞きます。言いたいことがあっても、最後まで話を聞いて、その上で自分の意見を伝えます。話を聞いてわからないことは質問して、自分の頭で理解してから行動するのです。だから、勉強でもスポーツでも、何をやっても飲み込みが早く、みるみる上達する。成功体験をたくさん味わうことで自信が高まり、やっていることが楽しくなり、やり続けることができるのです。

言うまでもなく話を聞く力は、学力にも影響するし、友だちとの人間関係をつくる上でも大切です。

それでは、どうやったら子どもの聞く力を高めることができるのでしょうか。3つのコツを紹介します。

①親がまず聞く

言いたいことがあっても、まずは子どもの話を聞く。これが大事です。

イライラした感情をそのまま言葉にせずに、いったんストップ。ふーっと深呼吸。必要であればその場を離れてみる。そして、気持ちを落ち着けて、まずは子どもの言い分を聞きましょう。

「あれはダメ！」「これはダメ！」と**子どもの行動を否定したり禁止したりする言葉をたくさん使っていると、子どもは話を聞くことが苦しくなり、心を閉ざしてしまいます**。そうなると何を言っても子どもの心には届きません。

子どもの聞く力を伸ばすために大切なことは、**「子どもの気持ちを受け入れること」**と、**「話を聞いてもらえるとうれしいという体験」**です。そうすることで、子どもの心が満たされて余裕ができ、相手を喜ばせるために話を聞いてあげたいという行動に変わっていきます。

1、作業をやめる　2、スマホを置く　3、子どもと目線を合わせてまっすぐ向き合う　4、子どもの目を見る　5、「うんうん」とうなずく　6、「いいね！　なるほど！　それで？」とあいづちを打つ　7、興味を持って楽しそうに聞く

この7つが話を聞く基本姿勢です。これを実践しながら話を聞くだけで、子どもの聞く力は大きくアップすることを約束します。まずは1日5分でもいいので、時間を取ってやってみてください。

また、用事があって話が聞けない時でも、「今は手が離せないから、ご飯を食べた後でもいい？」と話を聞く約束をしましょう。**「また今度ね」「あとでね」という、実行する気のない約束をするのは禁止**です。

②具体的な行動を肯定語で伝える

「ちゃんとしなさい!」「きちんとしなさい!」「いい子にしなさい!」のような伝え方をすると、子どもはどうしたらいいかわからず混乱します。**否定語ではなく肯定語**。「食器の片付けを手伝ってくれたらうれしいなぁ」と、子どもにやってほしい具体的な行動を、気持ちを添えて伝えましょう。

③聞くことで得する体験を!

「○○ちゃん、集中して話を聞いてくれてありがとう」と、**話を聞いてくれた時に、感謝の気持ちを伝えましょう**。また、親や先生から言われた通りにやって「勉強ができるようになった」「シュートが入るようになった」など、上手くいった体験をすると、またあの人の話を聞きたいという気持ちになります。ですので、子どもに伝えたことが、少しでも成果として目に見えたら「さっきよりも早く解けるようになったね」「手伝ってくれて、本当に助かるよ」と、声をかけるのが効果的です。

39 やり抜く子の親は、まず話を聞く!

40 やり抜く子は間違いを認めて謝り、投げ出す子は「自分は悪くない」。

「投げ出す子」は、悪いことをしたと思ってもなかなか自分から謝れません。「ぼくは悪くない」「○○ちゃんが悪いんだよ」と周りのせいにして、自分の非を認めようとしません。悪いことをしてもバレないように隠すこともあります。

「悪いことをしたのだから、謝りなさい」

このように、親が子どもに謝らせようとするシーンをよく見かけます。

しかし、これは逆効果で、「ごめんなさい」と言えば許してもらえるという感覚が育ってしまいます。**自分のどんな行動が悪かったたか、相手をどのような気持ちにさせたのかを、考える機会がなくなってしまう**のです。悪かったことを反省していないので、何度も同じことを繰り返してしまう。友だちに悪いことをした時に謝るのは、お母さんに許してもらうため、ではないですよね。傷つけてしまった友だちに、ごめんなさいの気持ちを伝えるためです。どうやったら、子どもが悪いことをしたと思った時に、自分から謝れるようになるのでしょうか。ここでは、５つのポイントを紹介します。

①感情をフォローする

問題を起こした時は、「やってしまった～」と「怒られた～」のダブルパンチで、感情がとめどなくあふれてしまっています。洪水状態です。何も考えることができません。まずはその感情を受け止めてあげることが大切です。

「○○ちゃんのおもちゃを壊してしまって悲しいんだね」「○○ちゃんに順番を抜かされて腹が立っていたから、叩いてしまったんだね」と、**子どもの気持ちに共感してあげてください**。まずは理解する。そして時にはギューっと抱きしめてあげてください。そうすれば、感情がスッと体の外に出ていき、冷静に考えられるようになります。

②人格を否定しない

「だからお前はいつもダメなんだ」「そんな子に育てた覚えはありません」など、日頃から子どもの人格面を否定していると、「僕はダメな人間なんだ」と傷ついてしまいます。

そうなると、いざ問題が起きても傷つきたくないので、自分からは謝れないのです。

ですので、普段から褒める時も注意する時も、**子どもの行動と人格を切り離し、行動にフォーカスして声をかけることが**大切です。そうすると問題が起きた時、自分の価値とやってしまった行動を分けて考えることができ、悪かった行動を認められるようになります。

褒める時　：「いい子ね」→「今日も集中して読書しているね」

注意する時：「だからお前はいつもダメなんだ」→「時間通りに帰ってきてくれなくて、ママはとても悲しかったよ」

③謝るポイントを確認

どのような行動が悪かったかを子ども自身に理解させましょう。「ごめんなさい」と謝ったとしても、「どういうところが悪かったのかな?」「どうしたら良かった?」「相手はどんな気持ちになっているかな?」と問いかけ、**謝るポイントを明確にしましょう**。実際に相手に謝る時も悪かったところを自分の言葉で伝えると、相手にも伝わりやすくなります。

例「○○くんが一生懸命描いた絵を、みんなの前でバカにして、ごめんなさい」

④謝った勇気を褒めてあげる

子どもが自分の意思で非を認めて謝った時は、すかさず褒めてあげましょう。謝ることは大人でも勇気がいることです。「謝ってどんな気持ちになった？　スッキリした？　相手はどんな顔をしていた？」と、謝るという行動で何が変わったかを確認しましょう。

⑤親が謝る姿を見せる

親子の間でも、理不尽な怒り方をしてしまった時などは、素直に「さっきのは、ママが悪かった。あんなに怒らなくてもよかったね。嫌な思いさせてしまって、ごめんなさい」と、冷静になったタイミングでいいので、きちんと伝えるようにしましょう。

子どもにやってほしいことを、親が実践する。**謝ることは、ダメなことではなく、カッコ悪いことでもなく、相手との絆を深めるために大切だということ**を、行動で示しましょう。

40 やり抜く子の親は、やみくもに「謝りなさい！」と言わない！

41 やり抜く子は怒りを冷静に伝え、投げ出す子は怒りを我慢し、キレる。

「投げ出す子」は、怒りません。いや、**怒れない**のです。何を言われても言い返せないし、いじわるをされても自分の気持ちを伝えられない。

気持ちが抑えられなくなって、キレてしまう子もいるようです。それまで問題を起こさなかった〝いい子〟が、突然、非行に走ったり、引きこもりになるケースも増えています。

このように「怒り」の感情にフタをして、自分の気持ちを表現できずにいると、自分の本当の気持ちがわからなくなったり、感情を上手にコントロールできなくなります。

「怒り」は、人として生きるための尊厳に、危険が迫っていることを教えてくれるサインです。モノとして扱われていることを教えてくれる警告です。自分を抑え込んだり、我慢するのではなく、**自分の「怒り」のサインに気づき、本当に思っている気持ちを、相手を尊重しながら伝えること**が大切です。

ここでは、子どもが適切に「怒り」を表現できるようになる３つの方法を紹介します。

①子ども扱いしない

「泣いてはいけません！」「怒ったらダメ！」「我慢しなさい！」と、親が子どもの感情を抑え込んでしまうと、「気持ちを伝えたらいけないんだ」と、子どもは自分の感情を否定するようになります。大事なのは、**子どもと一人の人間として向き合うこと**。友だちや同僚と接するように関わるのです。友だちが泣いていたら、「そんなことで泣くな！」とは言いませんよね。「どうしたの？　何かできることはある？」って声をかけませんか。同僚が怒っていたら、「何かイヤなことがあった？　よかったら話を聞くよ」って言いますよね。友だちに言わないようなことは、子どもにも言わない。それぐらいの気持ちでいるのが、ちょうど良いのだと思います。

②怒りを冷静に認識し、伝える

「なんで宿題やってないの！」「なんでウソをつくの！　そんな子に育てた覚えはない！」と、親が日頃から感情をむき出しにして怒っていると、子どもはそっくりそのままマネをします。逆に、親が気持ちを押し殺して我慢している姿も、子どもは見ています。心理学では**モデリング効果**と呼ばれており、**子どもは無意識のうちに親の行動を観察して、実際に同じような行動をしてしまう**のです。子どもの時に親にされてイヤだったことを、自分の子どもにもやってしまうことはありませんか。

親が怒り方の見本になることが大切です。

「怒り」ではなく、「怒り」の背景にある本音を伝える。アドラー心理学では、「怒り」は二次感情で、その奥に自分の「本音」である一次感情が隠れているとされています。

怒りの背景には、ママの迎えが遅くて「さびしい」、パパが僕の意見を聞いてくれなくて「かなしい」など、必ず一次感情である「本音」があります。その「怒り」の背景にある「本音」に、まずは本人が気づき、それを冷静に伝えることが大切です。自分を主語にしたアイメッセージで伝えるのがよいでしょう。

アイメッセージの形)

○○（相手の言動）なので、（私は）△△（一次感情）です。

「宿題をやらずにゲームばっかりやっているのを見ると、ママは心配なの」

「○○ちゃんのことを信じていたのに、本当のことを言ってくれなくて、お父さんはガッカリしたよ」

③怒りを一次感情に翻訳してあげる

怒りを我慢している子やすぐにキレてしまう子は、感情を適切に表現できる方法を知りません。ですので、優しく問いかけながら、本当の気持ちを伝えるサポートをしてあげましょう。

「イライラしているようだけど、どうしたの？」「悲しいことがあったの？　何があったの？」「○○ちゃんに大切な本に落書きをされて、悲しかったんだね」と、**怒りの背景にある一次感情を子どもに気づかせてあげる**のです。本当の気持ちに気づければ、気持ちも少し落ち着き、相手にも伝えやすくなります。気持ちが爆発してしまって、何も話したくないようであれば、無理して引き出そうとせずに、「できることがあったら言ってね」と、伝えてあげるだけでも子どもは安心します。

41
やり抜く子の親は、怒りを一次感情に翻訳する！

42
やり抜く子はしずかちゃん型コミュニケーション、投げ出す子はのび太くん型コミュニケーション。

あなたは、ママ友（上司）にランチに誘われました。しかし、昨日の夜につくった料理が余っていて、お昼までに食べないと腐ってしまいます。あなたはできればそれを食べたいと思っています。あなたは、どうやって相手を傷つけずに、本音を伝えますか？

コミュニケーションには、3つのタイプがあります。上記のケーススタディーに対する回答も交えて紹介します。

1　パッシブコミュニケーション（のび太くんタイプ）
「もちろんいいですよ！（そして料理は捨てる）」
相手に言われるがままで、自分の本音を言わない。

2　アグレッシブコミュニケーション（ジャイアンタイプ）
「あなたとは行きたくないから、もう誘わないで」

相手の気持ちを考えずに、自分の意見を一方的に主張する。

3　アサーティブコミュニケーション（しずかちゃんタイプ）
「誘ってくれてありがとうございます。ただ、家に昨日つくった料理があるので、また別の日にランチにお誘いいただければうれしいです」

自分と相手を大切にしながら自分の本音を伝える。


「やり抜く子」は、3のアサーティブコミュニケーション。

行きたくない遊びの誘いも、悪口を言われた時も、順番を抜かされた時も、**自分の気持ちを、相手を怒らせることなく主張できる**のです。

これができれば、イヤなことに悩まされることなく、学校生活はもっと楽しくなりますね。大人になった時にも、いろいろな立場や価値観が違う人と、いい関係を築きながら仕事をすることができるでしょう。

アサーティブなコミュニケーションを身につけるためには、親子でケーススタディーをするのが効果的です。３つのコミュニケーションタイプをドラえもんにたとえて説明し、実際に子どもの生活の中で起きている場面を使って一緒に考えます。アサーティブに意見を伝えるためのＤＥＳＣ法を活用して、４つのステップで問いかけてみましょう。

「〇〇くんが、大切なおもちゃを返してくれずに困っている」

ステップ１　Describe：問題が起きた状況や事実を聞く
「何があったの？」「〇〇ちゃんは（あなたは）どんなことをしたの？」

ステップ２　Express：子どもの考えや感じている気持ちを聞く
「あなたはいまどんなことを考えている？」「どんな気持ちかなぁ？」

ステップ３　Suggest：具体的に相手にしてほしいことを聞く
「〇〇くんに、どんなことを望んでいる？」

ステップ4　Choose：提案したことが実行されたらどうなるかを聞く
「それをやったらどんないいことがある？」

DESCで問いかけると、このように子どもの意見が整理されます。

D：昨日までにおもちゃを返す約束をしていたのに、まだ返してくれていないよね
E：○○くんが約束を守ってくれなくて、僕は悲しい
S：約束を守れない時は、すぐに教えてほしい
C：そうしてくれたら僕は安心するし、またおもちゃを貸してあげてもいいよ

このDESCを聞き出せたら、相手役になってロールプレイングをしましょう。最初はDESCを右記のように紙に書いて順番に読みながらやると良いです。低学年であれば、Eの部分だけ相手に伝えてもOKです。

42 やり抜く子の親は、自分も相手も大切にしたコミュニケーションを教える！

43

やり抜く子は意見と事実を分け、投げ出す子は意見が事実になる。

「Bくんはイジワルだから、いっしょに遊ばへん方がいいで」

小学3年生の僕は、Aくんからそう聞いて、Bくんと遊ばなくなりました。幼稚園からずっと仲良しの友だちだったのに。あとでわかったことですが、本当にイジワルなのはAくんでした。みんなの悪口を言って、クラスメイトから注目を浴びたい子だったのです。

「投げ出す子」は、**誰かに言われた意見が事実になります**。

意見とは、「見る人によって異なる判断や考えのこと」で、事実とは、「多くの人が正しいと信じている客観的なこと」。

友だちに「野球のセンスがないからやめた方がいいよ」と言われたから野球をやめる。先生に「英語は大人になったら役に立つよ」とすすめられたから英語を習い始める。この友だちと先生が言っていることは、どちらも意見です。1つの感想であって、事実ではありません。

「投げ出す子」は、「意見」と「事実」を分けて考えることが苦手です。「それって本当なのかな？」と疑わない。いったん正しいと思い込んでしまうと、変えることができない真実になる。たった一人の意見を信じてしまって、やりたいことをあきらめてしまうことも。

これからの情報化社会では、**情報に振り回されることなく、何が意見で何が事実かを、自分で見極める力（情報リテラシー）**を養うことが大切です。

今回は、アメリカでフェイクニュースを見分ける時に活用されている**CRAPテスト**を紹介します。この４つの問いを、子どもに投げかけることで、情報をそのまま鵜呑みにせず、意見と事実を見分ける力を育むことができます。

冒頭に紹介した、「Bくんはイジワルだから、いっしょに遊ばへん方がいいで」という話を例にして、CRAPテストをやってみましょう。

C（Current）最新：その話は、最近のことかな？

Bくんがイジワルだったのは、幼稚園の時の話かもしれません。いつの段階の情報かを確認しましょう。

R（Reliable）信頼性：その話は本当なの？　信頼できる？　実際に見たの？

子どもは何を根拠に、「Bくんがイジワルだと思っているのか」を、聞いてみましょう。Aくんはそう思っていても、他の子はどう思っているかわかりませんし、何よりも子ども自身がBくんに対してどう思っているのかが大事です。

「この前、道であいさつしたのに、返事をしてくれなかったの。だから、イジワルだと思った」と、子どもが言った場合は、「それはイジワルだから、あいさつしなかったのかなぁ？ほかに考えられることはない？　たとえば、イヤホンをして音楽を聴いていたとか、あなたの声が聞こえなかったとか……」と、確認することができますね。

A（Authoritative）権威性：その話をした人は、信頼できる？

Ａくんが、普段からあることないこと言いふらす子かもしれないし（実際はそうでした）、Ａくんの勘違いで、イジワルだと思ってしまったのかもしれません。

Ｐ（Purpose）目的：なんでその話を教えてくれたの？

もしかしたら、子どもがスイミングスクールを辞めたくて、同じスクールに通っているＢくんを口実に、親にその話をしてきたのかもしれません。すべての情報には目的があります。「商品を買ってもらう」「ウィルスの拡大を防ぐ」「友だちと仲良くなる」など。**目的を達成するために、情報を発信する人が情報を操作したり、悪意を持って偏った情報を流しているケースもある**のです。

大切なことであれば、一緒に現場に行って、事実かどうか確かめましょう。直接現場で手に入れた情報は、その子の財産になり、想像力を育んでいきます。

43 やり抜く子の親は、意見と事実を分けて話を聞く！

44 やり抜く子は「親の人生は親のもの」、投げ出す子は「親の人生は自分のもの」。

「投げ出す子」は、「**親の人生は自分のもの**」と思っています。「助けて」と言ったらいつでも駆けつけて、困っていたらぜんぶ解決してくれる。親が本を読んでいても、家事をしていても、そんなの関係ない。いつでも自分の話を聞くべきだ。自分がやってほしいことを、叶えるべきだ、と。

子どもの話を聞いてあげることも、困っている時に寄り添ってあげることも、自己肯定感を育むために大事です。親の愛情を感じて、自分は大切にされているという感覚が育っていきます。幼少期は特に、できる限りたくさん子どもの望みを叶えたり、要求に応えてあげることは大切です。

ただ、自分を犠牲にしてまで子どもを優先しすぎると、相手の気持ちを考えない「ワガママ」に育ってしまうこともあります。相手は自分の欲求を満たすために存在しているかのように考えてしまうことも。そうなると、学校でもトラブルが多くなり、友だちができなくなります。社会に出たらもっと厳しくて、自分の利益しか考えていない人は、周りから相手にされずに、孤立してしまいます。

また、子どもができることまで親がヘルプをしていたら、いつまでたっても自立できません。時間がかかるからといって、親が子どものクツヒモを結んでいたら、結べるようにならないのです。

「子どもが幸せになることが親の幸せ」

そのように願う気持ちはあってもいい。ただ、「子どもが幸せになれなかったら、ワタシも幸せになれない」と、子どもと親の人生を重ねると危険です。

「子どもが幸せになったらうれしいけど、幸せになるかどうかは子どもの課題」。そのように**親と子どもの人生をしっかり切り離して関わる**。そうすることで、子どもが自分の人生に責任を持てるようになり、周りの人の気持ちも自分の気持ちと同じように大切にできるようになる。**あなたの人生はあなたのもの**です。

とはいえ、いきなり自分の人生を生きろと言われてもどうしていいかわからない。そのような親御さんも多いと思います。ここでは、「ゴキゲンになること」以外で、今日からできる3つのアクションを紹介します。

①アサーティブにNOを言う

予定があったり疲れている時など、子どもの要求に応えられない時は、本書の42で紹介した**アサーティブなコミュニケーションで、「できない」を伝えましょう**。

〈例〉「○○ちゃんの学校であった話を聞くのは好きなんだけど、明日は仕事があって早めに寝たいから、また明日の朝に聞かせてもらえる？」

②課題の分離

「やって〜」という子どもの要求が、子どもができることなら、「○○ちゃんならできるよ。見ててあげるからやってみて」と、子どもにやらせましょう。

やり方がわからないのであれば、「今回は教えてあげるけど、次からは自分でやるんだよ」と伝えてから教える。そうすると、自分ごとにして話を聞いてくれます。次にできなかったとしても、手は貸さない。前に約束したのに、覚えていなかったのは子どもの責任だからです。**親の課題と子どもの課題をしっかり見極めて、子どもの課題に介入しないことで、子どもの中で責任感が育ちます。**

子どもに求められたから応えるというのではなく、**どうやったら、「この子どもの要求がなくなるか？」という発想で一つひとつ関わっていく**と、子育ても楽になるし、子どもも自立していきます。（例：マニュアルをつくる、やり方を動画に撮る、手順を付せんに書いて貼る、一緒に練習してできるようにする）

③「親の時間」を宣言する

子どもを優先する「キッズタイム」と自分を優先する「ママ（パパ）タイム」の線引きをして、それを子どもに伝えましょう。「夜の8時までは、キッズタイムだから本を読んであげられるよ」「日曜の朝はママの時間ね」と、あらかじめ伝えておくと、親に要求に応えてもらえなくても納得できるし、相手の時間を尊重できるようになります。

44 やり抜く子の親は、ママ（パパ）タイムをつくる！

45 やり抜く子は褒め言葉に「そう言ってもらえてうれしい」、投げ出す子は「自分なんて全然！」

子どものことを親御さんの前で褒めたら、10回中9回はこのような言葉が返ってきます。「運が良かっただけです～」「まだまだ」「全然ダメです。ふざけてばかりなので、もっとマジメにやってほしいです」などなど。

先日も、「○○ちゃん、だいぶ積極的にシュートを打てるようになりましたね」と褒めた時、「いえいえ。たくさん打つんですけど全然入らないんです、チームに迷惑をかけていないか心配で。何かあったら厳しく叱ってくださいね」と、子どもの悪いところが倍返しして返ってきました。

そして、その親の言動は、子どもにもうつります。「僕なんか下手くそや。僕より上手い人いっぱいいるし……」と、何度心を込めて褒めても受け取ってくれない子もいます。

本書の7でも紹介しましたが、自分が放つ言葉は潜在意識に深く刷り込まれていき、セルフイメージ（自己評価）に大きく影響します。「わたしなんて全然ダメ」というイメージがつくられると、自分のいいところが見えなくなり、自信がなくなり、やりたいことがあっても挑戦できません。悪い面ばかり目につくようになり、自分のことが嫌いになるという自己否定のループに。「自分なんてダメ」という気持ちで生きていると、本当にダメな自分になっていきます。**言葉が子どもの未来をつくるのです。**

「やり抜く子」は、誰かに褒められると、「オレもそう思ってた」「天才ですから」「ありがとう」「そう言ってもらえてうれしい」と、肯定的な言葉を返します。自分で自分のいいところを認めると、「自分はやればできる」というセルフイメージが広がっていき、どんどん自信が高まっていきます。失敗しても、やり続ければ上手くいくと確信しているので、あきらめないのです。最後までやり続けられる。この成長のループを回すためにも、**誰かに褒めてもらった時は、その言葉を否定せず、素直に受け取る習慣を身につけること**が大事です。そのために、ここでは親であるあなたに２つのことを提案させてください。

①子どもが褒められた時に、謙遜しない

謙遜するのがマナーであり、そのまま受け取ったら自慢しているみたいになってしまう。だから、子どもの悪いところを挙げて否定する。そのような思いもあるのでしょうが、親の言葉を聞いた子どもはどんな気持ちになるでしょうか。大好きな親に認めてもらえず、みんなの前で自分の恥ずかしいことをさらされて、悲しそうな顔をしている子もいます。また、親が褒められた時の対応をそばで見ているので、自分が褒められた時も同じように、「まだまだです」と答えてしまうのです。

誰かに子どものことを褒められたら、「ありがとうございます。そう言ってもらえて、うれしいです」と褒め言葉を受け入れましょう。この言葉は、誰も傷つけません。「あなたが成長してくれることが本当にうれしい」、そんなメッセージが子どもの心に届きます。

子どもが自分に対して肯定的なイメージが持てるように、プラスの言葉をシャワーのように子どもに投げかけていきましょう。

②「褒め言葉はプレゼント」と教える

「そんなことないです、と言われたら、僕が間違っているみたいで悲しいよ」そのように上司に指摘されたことがありました。僕としては、上司を立てたつもりだったのですが、逆効果でした。褒める側の立場で考えると、よくわかります。僕に喜んでもらおうと、素直な気持ちを伝えたにもかかわらず、それを泥水つけて突っ返された感覚。「あなたのプレゼントは、いりません」と。それはとても失礼なことです。その時から、**褒め言葉をプレゼントだと考える**ようにしました。子どもにもこのように伝えています。

褒め言葉は、プレゼントなんだよ。〇〇ちゃんは、プレゼントをもらったらなんて言う？「ありがとう」でしょ。うれしい気持ちを言葉で伝えるよね。褒め言葉も同じ。〇〇ちゃんに喜んでもらおうと思って、相手は褒め言葉をプレゼントしたんだ。それなのに、「そんなプレゼントは、いりません」と言われたら相手はどんな気持ちかな？　悲しいよね。だから、まずはプレゼントを受け取ろう。「ありがとう」「そう言ってもらえて、うれしいです」って。褒め言葉の内容をどう思っていたとしても、まずはちゃんと受け取ることが大事だよ。

45 やり抜く子の親は、褒め言葉をプレゼントとして受け取る！

第6章

トラブルへの対処 編

46

やり抜く子は失敗から学び、投げ出す子は失敗したくない。

失敗とは、ミスをすること。

失敗したら、いままでの努力がムダになる。

大人になるまで、ずっとそう考えて生きていました。

小学生の時は、大好きなバスケットボール部に入れず、好きな女の子に話しかけることもできなかった。ゲームでも絶対に勝てる相手としか戦わず、苦手なことはやらない。上手くいかなかった時のことを想像して、前に踏み出せなかったのです。

それでもその時はそれでいいと思っていました。僕にとって、**失敗は死ぬことと同じくらい、あってはならないこと**だったから。

「やり抜く子」は、失敗を恐れません。試合で負けても、発表会でミスしても、１００

点が取れなくても、あきらめない。「次は絶対に勝つ」と負けた悔しさをバネにして、より一層努力します。今回は、失敗したくないという子どもに、親ができることを2つ紹介します。

①失敗の捉え方を変える

失敗を恐れている子は、失敗とは、「完璧にできないこと」「負けること」「ミスすること」と考えています。だから、やったことがないことは、なかなか一歩踏み出せない。100点を取る自信がないからです。子どもの **「失敗」に対する考え方が変われば、気持ちが変わって、行動が変わります**。失敗への捉え方を変えるということ。

ここで一緒に考えてみましょう。あなたにとって失敗とはなんですか？

「これは失敗ではない。上手くいかない方法を一万通り発見しただけだ」

電球を発明したエジソンが残した有名な言葉です。彼にとって、**失敗はミスをすることではなく、途中であきらめてしまうこと**。僕はこのエジソンの話や僕の昔話を紹介した上で、子どもにこのように伝えています。
「本当の失敗とは、転ぶことではなく、起き上がらないこと。大切なのは、昔の僕のように、苦手なことをやらない、勝てる相手としか戦わないことじゃない。最後まであきらめないこと。本当の失敗とは、途中でやめてしまうこと。全力でやらないことなんだ。エジソンのように上手くいかなかったことから学んで、練習を繰り返していくことが大切なんだ。そうすれば、やりたいことが実現するんだ」

自分の体験談や偉人のエピソードも交えて、自分の言葉で、「失敗論」を伝えましょう。もちろん言葉だけではありません。子どもがミスしたり、負けた時に責めてしまうと、子どもは混乱してしまいます。**言葉と行動を一致させる**。言行一致です。子どもは大人が言うこと以上に行動を見ていますから、**背中で語るぐらいの感覚で行動しましょう**。

②失敗談を自慢する
これまでの人生で失敗したことを、おもしろおかしく子どもに話しましょう。ちょっと自慢げに、です。「失敗は誰でもすることで、恥ずかしいことじゃない。だからあなたが

失敗しても怒らないよ」これが子どもに伝えたいメッセージ。
日頃から、**親が失敗している姿を隠さずに見せることも**大切です。
親としてかっこいいところを見せたい気持ちもわかりますが、逆に完璧な親の前では、「ミスしたら怒られるのではないか」と不安になり、失敗しにくくなります。
完璧でなくていい。背伸びしなくていい。失敗していい。そのままのあなたでいることが、子どものためになるのです。

親が成長していく姿を子どもに見せましょう。
最初はだれでも初心者。失敗から学んで夢を叶えていく姿が、子どもを勇気づけます。
「僕もやってみよう」という力を与えるのです。
成功ではなく、成長を見せることが大切です。

46 やり抜く子の親は、失敗している姿を子どもに見せる！

47 やり抜く子はロジックツリーで考え、投げ出す子はすぐに答えを聞く。

「全然わからん、どうしよう！　先生、どうしたらいい？」と、問題が起こった時パニックになって、すぐに答えを聞いてくる子がいます。今にも泣き出しそうです。

そんな時、あなたはどのように対応しますか？

問題を解決する力は、やり抜く力に直結するとても重要なスキルです。

「朝起きられない」「宿題が終わらない」「友だちを怒らせてしまった」など、毎日いろんなトラブルや問題が子どもに降りかかります。それらの問題を、自分の頭で考えて解決していくことで、親から離れても自立して生きていくことができるのです。

それではどうすれば、問題解決力が高まるのでしょうか？

僕の教室では、あらゆる問題解決に対応できる「**ロジックツリー**」を教えています。子どもが助けを求めてきた時は、ロジックツリーを紙に描きながら、解決案を一緒に考えていきます。次の３つのステップで考えていきます。

ステップ１　問題の原因を見つける
ステップ２　解決策を考える
ステップ３　アクションプランを決めて実行する

「バスケットボール部で試合に出られない」という問題を例に作ったロジックツリーが次の図です。３つのステップを具体的に見ていきましょう。

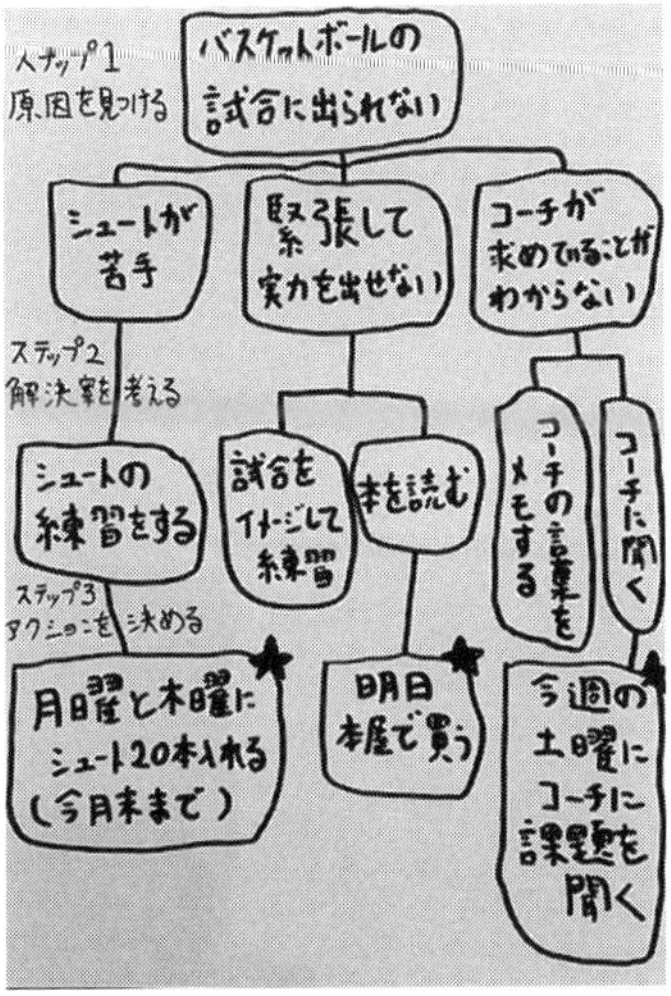

ステップ１　問題の原因を見つける

「なんで試合に出られないのかな？」と問題の原因を、子どもに聞いていきましょう。意見が出てこなかったら、「試合に出ている人と、○○ちゃんの違いは何かな？」と目標を達成している身近な人と比べると、考えやすいかもしれません。

子どもの意見がある程度（10個くらい）出たら、親が気づいたことを伝えてもＯＫです。「試合に出るために大事だと思うことはどれかな？」と聞いて、3つくらいに絞りましょう。

〈問題の原因の例〉

「シュートが苦手」「試合で緊張して実力を出せない」「コーチが求めていることがわからない」

ステップ2　解決案を考える

問題の原因に対して、「どうやったら解決できる？」と聞き、それぞれの解決案を考えていきます。ここでもまずは量を出して、それぞれ優先度の高い1つか2つに絞っていきます。

①シュートが苦手➡シュートの練習をする

②試合で緊張して実力を出せない➡本を読んで緊張しない方法を勉強する

③コーチが求めていることがわからない➡コーチに直接聞く

ステップ3　アクションプランを決めて行動する

アクションプランが決まったら、「具体的にどれくらいする？」「いつまでにするの？」と聞き、**やるべきことに期日をつけて数値化**します。

〈3つのアクションプランの例〉

①シュートの練習をする↓月曜と木曜にシュートを20本入れる（今月末まで）

②緊張しない方法の本を読む↓明日、本屋さんで1冊買って、来週までに読む

③コーチに聞く↓今週の土曜にコーチに、どうやったら試合に出られるかを、直接聞く

子どもが答えを聞いてきても、答えは教えない。対話しながら答えの導き方を教えてあげましょう。

47 やり抜く子の親は、ロジックツリーで一緒に考える！

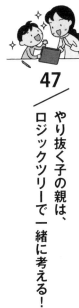

48

やり抜く子は考え方が気持ちをつくり、投げ出す子は出来事が気持ちをつくる。

「出来事が悩みをつくるのではなく、その出来事に対する自分の信念の偏りが悩みをつくるのである」

アメリカの心理学者アルバート・エリスの言葉です。彼は、**出来事の捉え方次第で、感情も行動も変わる**と考えて「**ABC理論**」をつくりました。

このABC理論を学べば、起こった出来事や感情に振り回されることなく、気持ちを落ち着かせて、やるべきことに集中できます。発表会で失敗しても、友だちとケンカしても、「自分なんてムリ」ではなく、「自分ならできる」に。苦しいことがあっても、あきらめることなく、自分を信じて、目標に向かって前進できるのです。

僕の教室では、このABC理論を子どもに教えています。

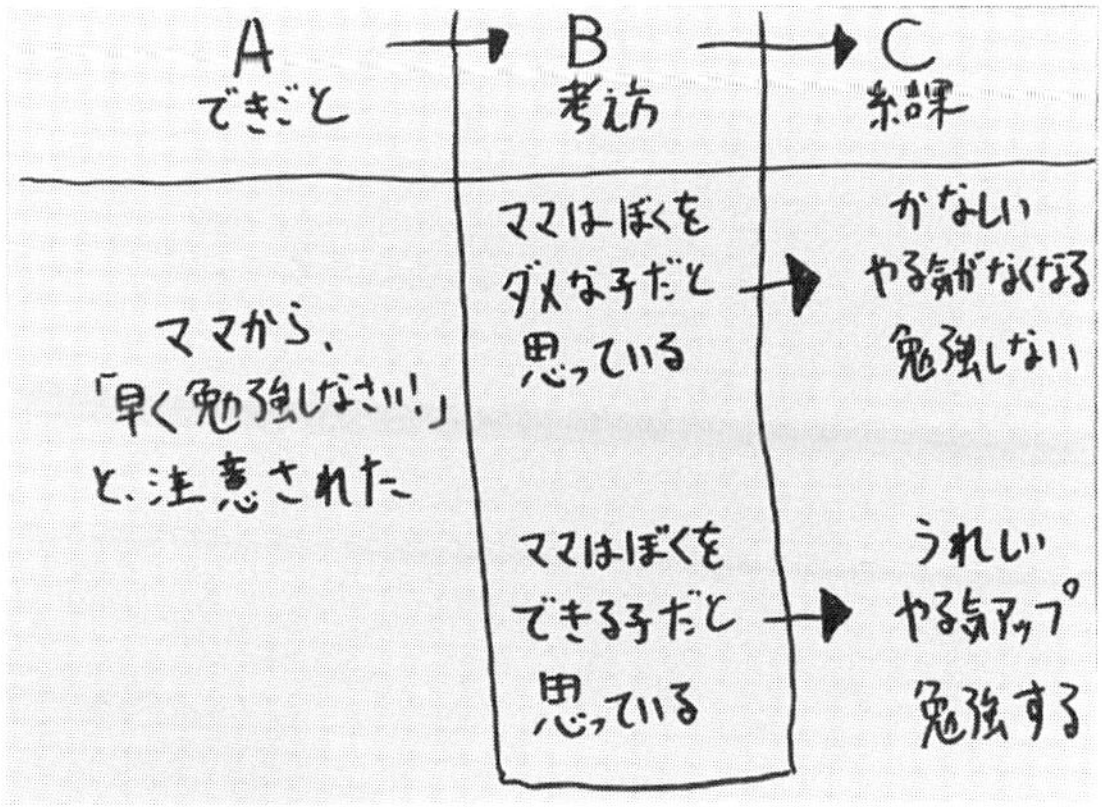

ABC理論の、A（Active event）は、出来事。

B（Belief）は、信念や考え方。

C（Consequence）は、感情や行動などの結果。

「ママから『早く勉強しなさい』と注意されたことに腹が立ち、やる気がなくなり、勉強しない」というケースを、ABC理論で考えると、上の図のようになります。

Aの、「ママから注意を受けた」という出来事は変えることはできませんが、Bの考え方は「ぼくのことを大切に思っているから注意してくれた」というふうに変えられます。考え方が変われば、気持ちも変わり、行動も変わり、そして人生が変わります。**出来事があなたを幸せにするのではなく、考え方があなたを幸せにする。**そのような思考が身につけば、この先どんなことが起きても、自分らしく前向きに生きていけるのではないでしょうか。ぜひ、ご家庭でも、このABC理論を子どもに教えてあげてほしいと思います。教える時の3つのポイントを紹介します。

ポイント1：まずは、子どもが一週間以内に体験した「悲しかったこと」や「腹が立ったこと」を取り上げて、ABC理論を図に書いて実践しましょう。最初は、すでに気持ちが落ち着いている出来事を例にすると、客観的に考えられるので望ましいです。

ポイント2：ABCを図に描けたら、Bの考え方に注目して、他の見方を一緒に探っていきましょう。たとえば、「試合に負けて悲しくて練習ができない」ことがあり、次のようにABCが整理された場合、

A（出来事）：試合に負けた
B（考え方）：勝てなかったら練習をやった意味がない
C（結果）：悲しくて練習ができない

「本当に、勝てなかったら練習をやった意味がないのかな？」と問いかけてみたり、「試合に負けたことで、何か良いことがあるとすれば何かな？」と**視点を変える問い**を投げかけていきます。

「練習をしてシュートが上手くなった」＝試合には負けたけど上達はした
「自分がドリブルが苦手だということがわかった」＝次の練習の目標ができた

ポイント3：子どもからいくつか意見が出てきたら、「いろいろな考え方があるけど、どの考え方をしたら自分も成長できて、気持ちが楽になるかな？」と聞いて、子どもに考え方を選んでもらいましょう。考え方を選んで、どんな気持ちになったのかを聞いてみるのも良いですね。

（流れ）①ＡＢＣを図に描く　②他の考え方（Ｂ）を見つける　③考え方を選択する

いろんな考え方を身につければ、自分で人生を選択できるようになります。

48
やり抜く子の親は、幸せになるための考え方を教える！

49
やり抜く子は想定外を楽しみ、投げ出す子は計画通りでないとパニック。

突然、スケジュールが変わったり、いつもと違うことをすると、子どもがパニックになることはありませんか？

お友だちと遊ぶ予定だったけど、お友だちの急な発熱で遊べなくなったり、遊園地に行く予定だったのに天気が雨だったり、モールに買い物に行く予定だったけど、違うスーパーに行くことになったり……。


「投げ出す子」は、**計画通りにいかないとイライラします**。少しでも予定が変わったり、トラブルが起こると頭が真っ白になり、パニック状態。おもちゃの遊び方にも強いこだわりがあって、思うようにならないと、大声を出してギャン泣き。

また、新しいことに取り組む時には、「これでいいの？　合ってる？」と何度も不安そうに聞いてきます。とにかく、自分が思っている通りに進めたい。先が見えないことが怖いのです。

計画を立てて進めることや、自分なりのルーティンを持って取り組むことは大切です。あらかじめやることを決めておけば、迷うことなく集中して取り組めます。

しかし、**集団生活の中では、予想していなかったことが起こります**。雨が降って大好きなドッジボールができないこともあるし、おもちゃもみんなで使わないといけない。

小さい時は、泣き叫べばたいていのことは思い通りになりましたが、小学校になるとそうはいきません。わがままで自己中なヤツとして、友だちに嫌われたり、一緒に遊ぶのが難しくなります。

「やり抜く子」は、**アクシデントが起きても動じません**。大好きなドッジボールが雨でできなくても、教室でやれることを探して鬼ごっこを始めます。おもちゃを独占できなくても、「こんな技できる?」と、友だちと一緒に新しい遊びを生み出すのです。想定外のことが起きても、その環境の中で楽しむ。

どうやったら子どもが予想外のことに落ち着いて対応できるようになるのでしょうか。

僕が自分のこだわりが強く不安を感じやすい子に対して、実践している2つの関わり方を紹介します。

①「早めに知らせる」「納得できる理由を伝える」

予定が変わることがわかった段階で、「雨が降ったら遊園地には行けないかもしれないからね」「お友だちが来たら、おもちゃを貸してあげられる?」と、早めに伝えましょう。その時には、子どもが納得できるような理由も添えてあげてください。「決まったことだから仕方ない」「ダメなものはダメ」というスタンスでは、子どもの感情は爆発します。子どもの話を聞いてあげて、気持ちを受け止めながら、子どもが理解できるように理由を説明しましょう。

事前に子どもと約束をしていても、遊びに夢中になって忘れていることもあるので、「あと30分で帰るよ」「あと15分ね」「あと5分だから」と、小刻みに伝えると子どもも見通しをつけて取り組めます。

②プランBを一緒につくる

計画が変わった時は、一緒に新しいプランをつくりましょう。プランBです。

「ドッジボールができなくなったけど、何かできることはないかな？」「旅行がキャンセルになっちゃったけど、どんな楽しいことがお家でできるかなぁ？」と問いかけて、ワクワクするアイデアを一緒に考えていきます。何をやるかが想像できると、気持ちがスーっと落ち着いていくでしょう。

新しいプランが上手くいった経験が増えていくと、計画がくずれても平気になってきます。予想外のトラブルやアクシデントが起きても、自分ができることを見つけて冷静に対応できるようになるのです。

また、慣れてくると、計画を立てる時に、上手くいかない場合のための別のプランを用意するようにもなる。ここまで来れば頼もしいですね。

49 やり抜く子の親は、想定外を一緒に楽しむ！

50 やり抜く子は挫折を乗り越えた経験があり、投げ出す子は挫折したことがない。

子どもが約束していた夕食の時間に帰ってきませんでした。そんな時、あなたはどうしますか?

〝子どもが食事の時間になっても帰ってこなければ、一切叱らずに食事を出さなければよい。罰を与えるのではない。結末を体験させるためだ〟

これが自己啓発の源流と呼ばれているアドラーの教育哲学です。食事の時間を守らなければ食事がないことを事前に子どもと約束し、守れなかった場合は、「時間に遅れたから、食事はなしね」と約束通りの対応をすれば良い。このように**子どもに結果を体験させる教育**を、アドラー心理学では大切にしています。冷たい親だと思いましたでしょうか。でも、これが本当の優しさかもしれません。

アメリカではヘリコプターペアレントが社会問題になっています。「英語を勉強しないと将来困るよ」「私がやってあげるね」「こうすれば上手くいくよ」と、**先回りして子どもが困りそうな問題を、全部解決してしまう親**のことを言います。

大切な子どもを苦しませたくない。つらい思いをさせずに、成功体験を積んでほしい。そのような気持ちから、安全で効率よく成長できるレールを用意して、そこにのっけようとします。それが子どものためになると信じて――。

そうすると、「自分で考えて自分で決める経験」や「失敗から学ぶ経験」が、子どもから奪われてしまいます。「悲しい」「悔しい」「イライラする」などのネガティブな気持ちと向き合うことが少なくなり、**感情をコントロールする力や逆境を乗り越える力（レジリエンス）**が育ちません。苦しいことがあった時に耐えることができずに、投げ出してしまうのです。言われたことしかできない「指示待ち人間」に育ってしまいます。

つらい経験をさせたくないという気持ちはわかりますが、つらい経験は悪いものではありません。**負の感情は人間を成長させるために不可欠。**過去を振り返れば、僕たちを成長させた人生の分岐点には、「負の感情をともなう体験」があったはずです。

困る経験は学ぶチャンスです。親が身を乗り出して子どもの問題を解決してしまえば、子どもが成長する機会を奪ってしまうのです。困難を克服する力が育たない。**困ることは悪いことではありません**。親から離れて自立した人間になるための大切なステップなのです。

「大丈夫？」「あなたのことが心配なのよ」と、口癖のように子どもに声をかけていませんか。愛情からくる言葉だと思いますが、心配することで「**あなたができるかどうか不安なの。あなたの能力が信じられないの**」というメッセージを、子どもに投げかけているのです。

心理学では、「**人は周りの人が期待した通りの結果を出す傾向にある**」という**ピグマリオンの法則**が知られています。親が子どものことを、「能力がない」「上手くいかないかもしれない」「困難を乗り越える力がない」と思っていたら、本当に子どもはそんな子になります。挑戦せず、成長しません。いつまでたっても自立できません。

子どもの成長を願っているのなら、**「心配」するのをやめて、「信頼」しましょう。**

繰り返しますが、困ることは悪いことではないし、苦しむ経験は最良の学びの機会です。困らせていいのです。悲しい思いをさせてもいい。

絶対にこの子ならならその壁を乗り越えることができる。そう信じることが、あなたができる最大の応援です。

もちろん、生命に関わることや周りの人に迷惑をかけるようなことであれば、積極的に介入します。それ以外の場合は、子どもに任せたのであれば「何かあったら声をかけてね」ぐらいにしておいて、やさしくそっと見守りましょう。

助けを求めてきたら、「こうやったらどうなるかな?」と問いかけながら、一緒に答えを見つけていくのです。先生はあなたではありません。自分で考えて行動したその「結果」が、子どもの先生です。だから、約束していた食事時間に間に合わなければ食事は出さないし、遠足の荷物の用意に手間取っていても手を貸さない。信頼して任せる。

口を出したくなるその気持ちを我慢することが、親の一番の課題です。

50 やり抜く子の親は、心配するのをやめて、信頼する！

おわりに　―やり抜く子の親は人生＝塞翁が馬、投げ出す子の親は人生＝山あり谷あり―

これまでお伝えしたことを、ぜんぶ実践したとしても、「やり抜く子」になれるかどうかはわかりません（怒らないでくださいね）。むしろ本書にある「やり抜く子」の行動習慣ができたら○で、そうでなかったら×という考えがあるかぎり、難しいでしょう。その、**評価する姿勢が子どもにも自分にもプレッシャーを与えてしまうから**です。

だから最後にどうしても伝えたいことがあって、これを書きました。

それは、子育ては「塞翁が馬」だということです。聞いたことのある格言だと思いますが、次の物語が由来です。

老人の大切にしていた馬が逃げてしまう。しかし、しばらくしてたくさんの馬を連れて帰ってくる。それから何ヶ月かして、老人の子どもがその馬に乗って落馬し足を折る。そのおかげで、その子どもは戦争に行かずにすんで命が助かる――。

この物語の教訓は、**起こった出来事に「良い」「悪い」はない**ということです。「良い」

と思っていたことが不幸をもたらしたり、「悪い」と思っていたことが幸運を招くことも。未来は予測できない。**「何が起きてもOKという心を持とう」**、それがこの格言のメッセージ。子育ても同じです。子どもの一つひとつの行動に振り回されないでほしい。

この先毎日いろんなことが起きるでしょう。「宿題はもう終わった」と、まだやってないのにウソをつく。弱い妹にいじわるして、注意したら、「だって……」と理屈っぽく言い返してくる。泥んこのまま家に入り、リビングには脱ぎっぱなしの服が……。そんな子どもに、つい大きな声でイライラをぶつけてしまう。本気で怒らないとちゃんと聞いてくれないから、と思いながらも、怒鳴ってしまったことに落ち込み、子どもの寝顔を見ながら自分を責める。ダメな母親でごめんねって、子育てがつらくなり、自信がなくなっていく。そのような親御さんをたくさん見てきました。**起こった出来事に一喜一憂していると、子どもはのびのびできず、親もしんどくなってしまいます。**

子育ては塞翁が馬です。長い目で見れば、良いことも悪いこともないのです。

僕は、小学校の時に関西でトップクラスの進学塾に通うことができ、学校の成績がトップになりました。

しかし、クラスでは友だちに嫌われて、2年間いじめられる、ひとりぼっちになりましたが、勉強に集中できたためか第一志望の私立中学に合格。受験が終わり大好きなバスケットボールに打ち込めたものの、万年補欠で自信をなくし退部。することがなくなったのでアルバイトを始めたら、そこでかわいい彼女ができた（3ヶ月後フラれる）、などなど。

子どもは、あなた自身がかつてそうであったように、様々なことを経験しながら、そこから何かを学び取って成長していきます。むしろネガティブに思える経験が子どもの生きる力になるのです（もちろん子どもへの虐待や暴力は一生のトラウマになるのでダメですが）。

たとえ、あなたが子どものために最高の環境を用意したとしても、子どもにとって最悪の結果になることもあるし、もちろんその逆もあります。

子どもを信じてあげる。子どもの人生に干渉しすぎず、失敗する機会を奪わず、適度な距離感で見守ることが親の役割です。ただそこにいてくれるだけで嬉しいという気持ちと何があっても味方でいるということが子どもに伝わっていればいい。

あなたにはあなたらしい子育てを見つけてほしい。

「こうあるべきだ」にしばられず、「こうありたい」を大事にしてほしい。

そのままの自然体のあなたであなたらしく輝いてほしい。あなたの人生を生きてほしい。

たとえこれまでどんな子育てをしていたとしても、子どもが悲しむような出来事があったとしても、これからのあなたの関わり方次第で、子どもの未来はオセロのようにひっくり返るのです。


だから、どんなことが起きても大丈夫。**すべては最善のことが起きている。**

僕は、あなたがあなたらしい子育てを見つけ、あなたらしく生きることを心の底から応援しています。


この本を読んで、責められている気分になったり、「そんなこと言われても、なかなかできない」と思われる方もいるかもしれません。

それは、ある意味当然です。もちろん、やることが多くて気持ちの余裕がないということもありますが、もっと奥深いところでは、僕たちは**基本的に育ててもらったようにしか育てられないから**です。

世界中のどこを探しても完璧な親なんていません。**人は多かれ少なかれ、親からの影響で心に傷を負っています。**あなたの親もあなたと同じくらい傷を負っているのです。だからといってこの連鎖がずっと続くわけではありません。**大人になったあなたは、自分が育ててもらいたかったやり方で、自分自身を育て直すことができるのです。**

本書は、あくまでも「子育て本」ですが、実は大人にこそ、自分のために実践してもらいたいことを書いています。自分が自分の母親役になったつもりで、**子どもだけではなく、あなた自身にもご活用ください。**そうすれば、あなたがあなたを育てるように、子どもを育てることができるようになります。

あなたがゴキゲンになること以上に大切なことはありません。まずは自分の気分を満たすことから始めてみるのはいかがでしょうか。

いま、この瞬間を、最大限楽しんで生きていきましょう。

執筆にあたり編集を担当してくれた明日香出版社の朝倉優梨奈さん、僕を見つけてくれた久松圭祐さんには、大変お世話になりました。

「本を出版したい！」という夢に気づかせてくれた瞬読協会理事の山中恵美子さんと瞬

読受講生メンバー、著者としての生き方を近くで見せてくれた岡崎かつひろさん、親御さんとの関わり方を教えてくれた小川大介先生、いつも僕の夢を本気で応援してくれるジョーブログとジョーズクラブのメンバー、皆様の助力なしには本書は完成していませんでした。

本書の制作にあたっては、TEAM YNKのメンバー、PETERSOXのスタッフには、企画から原稿のチェックまで様々なアドバイスをいただきました。PETERSOXの子どもたちや親御さんからも、実践の中でたくさん子どもとの関わり方を教わりました。いつも本当にありがとうございます。

僕をここまで育ててくれた父と母、そして一緒に育った弟よ。レールから外れていろいろ迷惑をかけたこともあったけど、僕は僕らしく生きてるよ（ありがとう）。いつも困った時に助けてくれる義家族の皆さんにも、挑戦することの大切さや家族の絆を教わりました。

そして、いつもありのままの僕を受け止め、時には厳しい言葉を投げかけてくれる人生のパートナーである妻の優芽さん。あなたがいてくれるから、僕はいつも自分らしくいられる。最高の自分を表現できる。ほんまにありがとう。

最後になりますが、ここまで読んでくれたあなたが、ほんの少しでも子どもとの関わりに喜びを見つけて、あなたらしい毎日を過ごせるようになれるのであれば、これ以上の幸せはありません。

学んだことを忘れないようにするために、本を読んで感じたことや子育てでやってみようと思ったことなどを、ＳＮＳに「＃やり抜く子と投げ出す子の習慣」をつけてぜひご投稿ください（僕も読ませていただきます）。

またどこかで会えるのが楽しみです。

岡崎　大輔（ミスターおかっち）

参考文献

小川大介『自分で学べる子の親がやっている「見守る」子育て』KADOKAWA(2021)
辻秀一『子どもが伸びるスポーツの声かけ』池田書店(2017)
干場弓子『楽しくなければ仕事じゃない』東洋経済新報社(2019)
岡崎かつひろ『〝好き〟を仕事にできる人の本当の考え方』きずな出版(2021)

参考webサイト

THE FIRST TEE web　https://firsttee.org/
子育て勉強会TERU channel(YouTube)
小川大介「見守る子育て」オンラインサロン

3つの読者特典をプレゼント

LINE 公式アカウントに登録いただくと、3つの特典が入手できます！

特典①

「やり抜く子」の育て方　講演動画

特典②

本書に掲載していない幻の原稿（PDF）

特典③

「やり抜く子」を育てる 24 の行動習慣 一覧表（PDF）

下記 ID または QR コードから3つの読者特典を
無料でダウンロードできます。

ID: @ 722agiap

＊特典の配布は予告なく終了することがあります。

■岡崎大輔 SNS 一覧

https://lit.link/daiketsu

[著者]
岡崎大輔（おかざき・だいすけ）
ライフコーチ／ライフスキルの学校PETERSOX代表。

1980年大阪生まれ。

同志社大学法学部を卒業後、外資系製薬会社に勤務。うつ病の薬の情報提供をする中で「うつ病をなくすためには社会に出るまでのライフスキル教育が大切」と考えるようになり、30歳の時、マサチューセッツ州スプリングフィールド大学アスレチックカウンセリング学科修士課程に留学。

在学中はライフスキル教育を軸にしたコーチングを学び、ハーバード大学やオリンピック選手の育成機関でライフスキルトレーニングを実施し、教育学修士号を取得。

卒業後は、世界最大級のライフスキル教育プログラムを展開するファーストティーのサンフランシスコ支部で、ライフスキルコーチとして3000人以上の子どもに教育プログラムを提供し、ファーストティーコーチ優秀賞を受賞。

2014年に和歌山県でライフスキルの学校PETERSOXを立ち上げ、「いつでも、どこでも、自分らしく輝ける社会をつくる」をビジョンに掲げ、1万人以上の子どもに夢中になれるライフスキル教育を提供している。

2019年に地域で活躍している20歳から40歳までの若者が選ばれるJCI JAPAN TOYP 2019（通称：青年版国民栄誉賞）にて、会頭特別賞を受賞。

「やり抜く子」と「投げ出す子」の習慣

2021年　5月31日　初版発行
2021年11月　1日　第8刷発行

著　　者　岡崎大輔
発 行 者　石野栄一
発 行 所　明日香出版社
〒112-0005　東京都文京区水道2-11-5
電話　03-5395-7650（代表）
https://www.asuka-g.co.jp

印　　刷　美研プリンティング株式会社
製　　本　根本製本株式会社

 ISBN 978-4-7569-2150-5

ISBN　978-4-7569-2020-1

男の子を「伸ばす親」と「ダメにする親」の習慣

池江　俊博著

B6並製　232ページ
本体価格　1,400円＋税

『子どもを「伸ばす親」と「ダメにする親」の習慣』の著者が、「男の子の育て方」に特化した内容を解説します。お母さんからすると、異性である「男の子」のことはわからないことがいっぱい。そんなお母さんに向けて、七田式教育とNLP・脳科学の知見を含めた幼児教育に携わる著者が、「男の子がグングン伸びる」育て方を説きます。

ISBN　978-4-7569-1727-0

子どもを「伸ばす親」と「ダメにする親」の習慣

池江　俊博著

B6並製　192ページ
本体価格　1,400円＋税

子育てに迷い不安になっている現代の親御さんに向けた、親子関係を見直すためのルールブックです。

良い例・悪い例を入れ、普段本を読まない方でも読みやすくしました。一方で教育熱心な親御さんも説得できるだけの金言も掲載しております。

習慣シリーズでの育児書です。

ISBN　978-4-7569-1986-1

落ちこぼれゼロ！
勉強ぐせが身につく
学習ノートのつくり方

木村 理恵著

B6並製　176ページ
本体価格　1,500円＋税

学習内容が急に難しくなる小学5～6年生の時期は、勉強嫌いの子が増え、成績にも大きく差が出てくる時期です。この時期に勉強ぐせが身につけられるかどうかが、中学以降の勉強姿勢に大きな影響を及ぼします。そこで本書では、勉強ぐせを身につけ成績アップを実現する学習ノート術を公開します！